Guttentag'sche Sammlung
Nr. 38. Preußischer Gesetze Nr. 38.
Text-Ausgaben mit Anmerkungen.

Kreis- und Provinzial-Abgabengesetz.

Vom 23. April 1906.

Text-Ausgabe mit Anmerkungen und Sachregister

von

Fr. Schmidt,
Amts- u. Gemeindevorsteher.

Berlin 1906.
J. Guttentag, Verlagsbuchhandlung
G. m. b. H.

Inhalts-Übersicht.

Abkürzungen.

BGB. = Bürgerliches Gesetzbuch.
Begr. = Begründung des Gesetzentwurfes.
öKO. = Die Kreisordnung für die östlichen Provinzen vom $\frac{\text{13. Dezember 1872}}{\text{19. März 1881}}$.
KAG. = Kommunalabgabengesetz vom 14. Juli 1893.
LVG. = Gesetz über die allgemeine Landesverwaltung vom 30. Juli 1883.
ZG. = Zuständigkeitsgesetz vom 1. August 1883.

Einleitung.

Die bisherigen Vorschriften über die Heranziehung zu den Kreisabgaben waren enthalten in den verschiedenen Kreisordnungen. Durch das Kommunalabgabengesetz vom 14. Juli 1898 wurde die subjektive Kreissteuerpflicht nicht geändert und den Kreisen nur das Recht gegeben, als indirekte Steuer eine Hundesteuer einzuführen (vgl. § 91). Nach dem Gesetz wegen Aufhebung direkter Staatssteuern vom 14. Juli 1898 war die staatliche Veranlagung zu den Realsteuern auf die bisher steuerfrei gewesenen, aber nach den Vorschriften des Kommunalabgabengesetzes kommunalsteuerpflichtig gewordenen Liegenschaften und Betriebe auszudehnen. Aus diesen Vorschriften ergab sich für das Kreissteuerrecht eine große Unklarheit und Verschiedenheit gegenüber dem Gemeindesteuerrechte. Unter dem 1. April 1902 wurde ein Gesetz erlassen, nach welchem auch die Gesellschaften mit beschränkter Haftung zu den Kreisabgaben herangezogen werden konnten.

Wiederholt wurde im Landtage die Beseitigung der Mängel angeregt.

Die wichtigste Frage bei der ganzen Neuregelung war: Individualbesteuerung oder Kontingentierung. Aus praktischen Gründen wurde der Kontingentierung der Vorzug gegeben. Der Entwurf der Staatsregierung wollte die Kontingentierung streng durchführen; bei der Beratung im Abgeordnetenhause wurde jedoch das reine Kontingentierungssystem wieder durchlöchert, indem die Mitglieder des Königlichen Hauses, die Standesherren und der Fiskus hinsichtlich der zu Ansiedelungszwecken gekauften Grundstücke zu besonderen Kreissteuerpflichtigen gemacht wurden.

Das Gesetz gibt den Kreisen das Recht, Gebühren und Beiträge, sowie indirekte Steuern und anstelle der Grund- und Gebäudesteuerzuschläge eine Grundwertsteuer zu erheben. Die Schankstättensteuer als indirekte Steuer ist erst in das Gesetz durch das Abgeordnetenhaus hineingebracht worden.

Das Gesetz baut das Kreisabgabenrecht auf dem Systeme des Gemeindeabgabenrechtes, wie es das Kommunalabgabengesetz geschaffen hat, auf und trägt dadurch zur Vereinheitlichung des Kommunalabgabenrechtes bei.

Dadurch, daß den Kreisen das Recht zur Erhebung der indirekten Steuern Umsatzsteuer und Schankstättensteuer gegeben ist, wird es vielen Kreisen ermöglicht werden, mit den recht hoch gewordenen Steuerzuschlägen herunter zu gehen.

Die Neuregelung mußte bei dem gegenseitigen Durchdringen des Kreis- und Provinzialabgabenrechtes auch dieses letztere umfassen.

Kreis- und Provinzial-Abgabengesetz.

Vom 28. April 1906.

(Ges.-Samml. 1906 Nr. 20 S. 159—169.)

Wir Wilhelm, von Gottes Gnaden König von Preußen ꝛc. verordnen mit Zustimmung beider Häuser des Landtags Unserer Monarchie für den Umfang derselben, mit Ausschluß der Insel Helgoland, was folgt:

Abschnitt 1.

Kreisabgaben.[1]

§ 1. Die Kreise[2] sind berechtigt, zur Deckung ihrer Ausgaben nach den Bestimmungen dieses Gesetzes Gebühren und Beiträge, indirekte und direkte Steuern zu erheben.[3]

Hinsichtlich der Chausseegelder und anderen Verkehrsabgaben,[4] der Jagdscheinabgaben,[5] der Kosten im Verwaltungsstreit- und Beschlußverfahren[6] sowie

hinsichtlich der Erhebung der Betriebs-,[7] der Wanderlager-[8] und der Warenhaussteuer[9] für Rechnung der Kreise bewendet es bei den bestehenden Bestimmungen.

1. Zu den Kreisabgaben im Sinne des Gesetzes rechnen nicht
   die Beförderungspreise für Kleinbahnen (Ges. v. 28. Juli 1892),
   die Vorausleistungen zum Wegebau (Ges. v. 18. August 1902),
   das Entgelt, welches vom Wegeunterhaltungspflichtigen für Mitbenutzung der Wege gefordert werden darf (§ 6 des Kleinbahngesetzes, §§ 10 bzw. 6 der Wegeordnungen für Sachsen und Westpreußen) (Begr.).

2. Unter Kreise sind nur die Landkreise zu verstehen. Für die Stadtkreise bleibt das Kommunalabgabengesetz allein maßgebend (Begr.).

3. Naturaldienste wie die Gemeinden (§ 1 KomAbgGes.) können die Kreise nicht fordern (vgl. § 5 Anm. 9).

4. Zu den Chausseegeldern gehören auch die Strafgelder für Chausseegeldkontraventionen nach dem Gesetze vom 2. Mai 1900.

5. Ges. v. 31. Juli 1895.

6. §§ 102 ff. LVerwGes. v. 30. Juli 1883.

7. Ges. wegen Aufhebung direkter Staatssteuern v. 14. Juli 1893. § 12 ff.

8. Ges. v. 27. Februar 1880. § 4 des Gewerbesteuergesetzes v. 24. Juni 1901.

9. Ges. v. 24. Juni 1901. (Trifft hier nur für Warenhäuser in Gutsbezirken zu.)

§ 2.[1] Die Kreise dürfen von der Befugnis Steuern zu erheben, nur insoweit[2] Gebrauch machen,

als die sonstigen Einnahmen, insbesondere aus dem Kreisvermögen,[3] aus Gebühren,[4] Beiträgen[5] und aus den ihnen vom Staate oder von Bezirks- oder Provinzialverbänden überwiesenen Mitteln[6] zur Deckung ihrer Ausgaben[7] nicht ausreichen. Auf Hundesteuern findet diese Bestimmung keine Anwendung.[8]

Durch direkte Steuern darf nur der Bedarf aufgebracht werden, welcher nach Abzug des Aufkommens der indirekten Steuern von dem gesamten Steuerbedarfe verbleibt.

1. Der § 2 ist dem § 2 des KomAbgGes. nachgebildet.

2. Die Regel, nach welcher die Erhebung von Steuern sich auf den notwendigen Bedarf beschränken soll, hindert hier ebensowenig wie bei den Gemeinden (Art. 2 Ziff. 4 der AusfAnw. z. KomAbgGes.) die Ansammlung von Fonds aus den Steuererträgen für bestimmte Zwecke, z. B. Wegebaufonds, Betriebsfonds usw. (Begr.). Das Gesetz geht davon aus, daß in erster Linie das Kreisvermögen zur Deckung der Ausgaben zu dienen hat.

3. Zu besonderen Zwecken bestimmte Fonds, z. B. in Brandenburg der Kriegsschuldensteuer-Überschußfonds (Ges. v. 22. Mai 1902) rechnen nicht zum Kreisvermögen.

4. Vgl. § 4.

5. Vgl. § 5.

6. § 70 d. KO., § 109 HanKO., § 110 HessNassKO., § 97 WestfKO., § 97 RhKO., § 146 SchleswHKO., §§ 1 und 3. Ges. v. 30. April 1873, § 26 Ges. 9. Juli 1875, Ges. v. 2. Juni 1902.

Zu den Einnahmen gehören ferner die in § 1 genannten Einnahmen.

7. Zu den Ausgaben gehören alle die Beträge, welche den Kreisen in Erfüllung einer gesetzlichen Pflicht zur Last fallen. Dazu gehören Verwaltungskosten, Kosten der Impfungen, Verpflegungskosten der Geisteskranken usw., Kosten für Bezirkshebammen, Provinzialabgaben, Beiträge für die Baugewerks- und Seeberufsgenossenschaft usw.

Zu den Ausgaben gehören ferner die Kosten für solche Gegenstände, welche nicht auf gesetzlicher Verpflichtung beruhen, aber durch Kreistagsbeschluß als Kreisangelegenheit übernommen sind (vgl. §§ 116 und 119 ö. K.O., 73 und 75 HannKO., 74, 76 Hess.KO., 61, 63 Westf. und RhKO., 104, 106, SchleswHolstKO.).

8. Weil sie durch ein besonderes (polizeiliches) Interesse geboten ist.

§ 3.[1] Gewerbliche Unternehmungen[2] der Kreise sind grundsätzlich so zu verwalten, daß durch die Einnahmen mindestens die gesamten, durch die Unternehmung dem Kreise erwachsenden Ausgaben, einschließlich der Verzinsung und der Tilgung des Anlagekapitals, aufgebracht werden.[3]

Eine Ausnahme ist zulässig, sofern die Unternehmung zugleich einem öffentlichen[4] Interesse dient, welches andernfalls nicht befriedigt wird.[5]

1. § 3 ist dem § 3 KomAbgGes. nachgebildet.

2. Zwischen den „gewerblichen Unternehmungen" und den Veranstaltungen des § 4 besteht ein wesentlicher Unterschied. Bei der Feststellung der Preise für die Erzeugnisse oder die Inanspruchnahme der gewerblichen Unternehmungen sind die Kreise durch die Genehmigungsbehörde nicht beschränkt, wogegen die Festsetzung der Gebühren für Benutzung der Veranstaltungen des § 4 der Genehmigung unterliegt. Damit ist jedoch nicht gesagt,

daß auf die festgesetzten Preise die Kommunalaufsichtsbehörde keinen Einfluß haben sollte (vgl. § 177a ö. KO., § 105 HannKO., § 106 HessKO., § 93 Westf. u. RhKO., § 141 SchleswHolstKO.).

Zu den gewerblichen Unternehmungen gehören alle privatwirtschaftlichen Unternehmungen des Kreises, deren Betrieb als solcher auf die Erzielung von Gewinn gerichtet ist und den Kreisangehörigen eine Nötigung zu ihrer Benutzung nicht auferlegt.

3. Die Reinerträge der gewerblichen Unternehmungen, welche für die Zwecke der Betriebs- und Reservefonds, sowie für die Verzinsung und Tilgung des Anlagekapitales nicht erforderlich sind, müssen, soweit der Kreishaushalt dies erfordert, in erster Linie zur Bestreitung der allgemeinen Kreisausgaben verwendet werden.

Grundsatz des § 3 ist: Die Steuerkraft der Kreisangehörigen kann erst dann in Anspruch genommen werden, wenn das eigene Vermögen des Kreises nicht ausreicht.

4. Selbst wenn ein solches Interesse vorliegt, soll Grundsatz sein, die Erzielung von angemessenen Erträgen. Das Entgelt für die gebotene Leistung darf nicht zum Vorteile einzelner hinter dem nach wirtschaftlichen Rücksichten für angemessen zu erachtenden Preise zurückbleiben.

5. Hierunter fallen regelmäßig Neben- und Kleinbahnunternehmungen der Kreise. (Begr.)

§ 4.[1] **Der Kreistag kann**[2] **beschließen,**[3] **daß für die Benutzung der von dem Kreise im öffentlichen Interesse unterhaltenen Veranstaltungen**[4] **(Anlagen, Anstalten und Einrichtungen) besondere Vergütungen (Gebühren) erhoben werden.**

Die Gebühren sind im voraus nach festen Normen und Sätzen zu bestimmen. Dabei ist eine Abstufung

der Gebührensätze — auch nach Maßgabe der Leistungsfähigkeit — bis zur gänzlichen Freilassung zulässig.[5 6]

1. § 4 entspricht in vereinfachter Form den §§ 4 und 7 KommAbgGes.

2. Kann. Ein Zwang zur Erhebung von Gebühren, wie er für die Gemeinden durch § 4 Abs. 2 KomAbgGes. eingeführt ist, besteht für die Kreise nicht.

3. Das ordnungsmäßige Zustandekommen des Beschlusses regelt sich nach den Vorschriften der Kreisordnungen. Zweidrittelmehrheit ist nicht erforderlich.

Wegen der Genehmigung vgl. § 19 Nr. 1.

4. Zu den Veranstaltungen gehören: Wasserleitungen, Entwässerungen, Schiffahrtskanäle, Fach(landwirtschaftliche)-schulen, Krankenhäuser, Desinfektionsanstalten, Abdeckereien, Köreinrichtungen usw. (Begr.). Vgl. Anm. 2 zu § 3.

5. § 7 KomAbgGes. spricht nur von der Berücksichtigung Unbemittelter. Hier ist, um die Absicht des Gesetzes deutlicher erkennen zu lassen, eine Abstufung nach Maßgabe der Leistungsfähigkeit, nicht bloß im Rahmen der Berücksichtigung Unbemittelter, für zulässig erklärt.

6. Wegen der Rechtsmittel gegen die Heranziehung zu Gebühren wegen der Nachforderung, Verjährung und zwangsweisen Einziehung vgl. § 16 des Gesetzes.

§ 5.[1] **Der Kreistag kann**[2] **beschließen,**[3] **daß behufs Deckung der Kosten für Herstellung und Unterhaltung von Veranstaltungen,**[4] **welche durch das öffentliche Interesse erfordert werden, von denjenigen Grundeigentümern und Gewerbetreibenden, denen hierdurch besondere wirtschaftliche Vorteile**

erwachsen, Beiträge[5] zu den Kosten der Veranstaltungen erhoben werden.[6] Die Beiträge sind nach den Vorteilen zu bemessen.[7]

Durch Beschluß[8] des Kreistags kann den Beitragspflichtigen gestattet[9] werden, die Beiträge ganz oder teilweise durch Naturalleistungen nach bestimmten, vom Kreistage festzustellenden Grundsätzen zu ersetzen.

[10] Der Plan der Veranstaltung ist nebst einem Nachweise der Kosten offen zu legen. Der Beschluß des Kreistags wegen Erhebung von Beiträgen ist unter der Angabe, wo und während welcher Zeit Plan nebst Kostennachweis zur Einsicht offen liegen, durch das Kreisblatt mit dem Bemerken bekannt zu machen, daß Einwendungen gegen den Beschluß binnen einer bestimmt zu bezeichnenden Frist von vier Wochen bei dem Kreisausschuß anzubringen seien. Handelt es sich um eine Veranstaltung, welche nur einzelne Grundeigentümer oder Gewerbetreibende betrifft, so genügt an Stelle der Bekanntmachung eine Mitteilung an die Beteiligten. Der Kreisausschuß hat den Beschluß nebst den dazu gehörigen Vorverhandlungen und der Anzeige, ob und welche Einwendungen innerhalb der gestellten Frist erhoben sind, der Genehmigungsbehörde[11] — § 19 Ziffer 1 — einzureichen.

Der Beschluß der Genehmigungsbehörde ist in gleicher Weise zur Kenntnis der Beteiligten zu bringen,

wie der Beschluß des Kreistags bekannt gemacht worden ist.

1. § 5 ist dem § 9 KomAbgGes. nachgebildet mit der Abweichung, daß ein Zwang zur Erhebung, wie er nach § 9 Abs. 2 KomAbgGes. für die Gemeinden besteht, für die Kreise fortfällt.

2. Kann!

3. Vgl. Anm. 3 zu § 4.

4. Die Veranstaltungen des § 5 decken sich mit denen des § 4 und § 10. Der Umfang der Veranstaltungen des § 5 ist allerdings ein beschränkterer, da nur solche Veranstaltungen in Frage kommen, durch welche die Grundeigentümer oder Gewerbetreibenden einen besonderen wirtschaftlichen Vorteil haben. Zu den Veranstaltungen des § 5 zählen: Chausseen, Kanäle, Wasserleitungen, Eisenbahnen. Voraussetzung ist das Erfordernis des öffentlichen Interesses.

5. Beiträge, d. h. es können nicht die ganzen Kosten der Herstellung und Unterhaltung der Veranstaltung gefordert werden. Vgl. die zu § 9 KAG. ergangenen Entscheidungen des OVerwGerichtes.

6. Es kann auch der Weg der Mehr- und Minderbelastung nach § 10 an Stelle der Beitragserhebung beschlossen werden.

7. Eine Abstufung nach anderen Gesichtspunkten z. B. nach der Person des Pflichtigen ist unzulässig.

8. D. i. der Beschluß, durch welchen Beiträge eingeführt sind.

9. Ob sie Naturalleistungen an Stelle der Beiträge machen wollen, ist in das Belieben der Pflichtigen gestellt.

10. Vgl. § 9 Abs. 3, 4, 5 KommAbgGes. und die dazu ergangenen Entsch. OVG.

11. Bezirksausschuß. Gegen den Beschluß des Bezirksausschusses findet die Beschwerde an den Provinzialrat statt (§ 19 Abs. 2).

§ 6.[1] Der Kreistag ist befugt, mittels Erlasses von Steuerordnungen[2] indirekte Steuern zu legen

1. auf den Erwerb von Grundstücken und von Rechten,[3] für welche die auf Grundstücke bezüglichen Vorschriften gelten. Durch die Steuerordnung können[4] Befreiungen von der Steuer, insbesondere[5] einzelner Erwerbsarten,[6] vorgesehen werden. Der Erwerb durch Erbgang, durch Enteignung[7] und durch Übergabevertrag zwischen Verwandten auf- und absteigender Linie[8] ist freizulassen;[9]
2. auf die Erlangung[10] der Erlaubnis zum ständigen Betriebe der Gastwirtschaft, Schankwirtschaft oder des Kleinhandels mit Branntwein oder Spiritus (§ 33 der Reichs-Gewerbeordnung);[11]
3. auf das Halten von Hunden.[12]

Dabei ist eine Abstufung der Steuersätze — insbesondere auch nach Kreisteilen — zulässig.[13]

Die Einführung einer indirekten Steuer durch den Kreis berührt nicht das Recht der Gemeinden zur Erhebung einer entsprechenden Steuer.[14]

1. Andere indirekte Steuern wie die im § 6 angegebenen dürfen die Kreise nicht einführen.

2. Die Steuerordnung bedarf der Genehmigung des Bezirksausschusses (§ 19) und der ministeriellen Zustimmung (§ 20).

3. Zu diesen Rechten gehören: Der Erwerb eines Bergwerkseigentumes (Art. 87 I AusfGes. z. BGB. vom

20. April 1899), der Erwerb eines Erbbaurechtes (§ 1017 BGB.).

4. Es ist nicht in das Belieben des Kreistages gestellt, ob er überhaupt Befreiungen zulassen will. Die Freiheit, die in dem Worte „können" liegt, soll sich nur darauf erstrecken, daß die Kreise darin Freiheit haben, welche Arten des Eigentumsüberganges sie treffen wollen. Unbedingt freizulassen sind die im § 6 Ziff. 1 genannten Arten.

5. Aus der Aufzählung, was frei zu lassen ist, ist nicht zu schließen, daß alle anderen Arten zu besteuern sind. Einen Anhalt, welche Arten des Eigentumsüberganges ferner freigelassen werden können, gibt das Stempelsteuergesetz.

6. Erwerbsarten sind im rechtlichen Sinne: Kauf, Tausch, Schenkung, Einbringung in das Gesellschaftsvermögen. Die Absicht der Vorschrift geht dahin, daß nicht einzelne dieser Erwerbsarten (also die Erwerbsart ganz) frei gelassen werden können, sondern daß von den gesamten Erwerbsarten, die es überhaupt gibt, einzelne ohne Rücksicht, zu welcher Art sie gehören, frei gelassen werden können, wenn die Person, die Sache oder die Zweckbestimmung es als wünschenswert erscheinen lassen. Befreiungen sind auch zulässig nach der Höhe der Erwerbspreise.

7. Ganz gleich, ob die Enteignung im öffentlichen oder im privaten Interesse erfolgt ist.

8. Worunter der Altenteilsvertrag fällt.

9. Der Erwerb durch Erbgang, Enteignung, Übergabevertrag ist unbedingt freizulassen.

10. D. h. die Abgabe ist erst fällig, wenn die Genehmigung erteilt ist. Der Antrag auf Erteilung der Genehmigung ist nicht abgabepflichtig.

11. Die Festsetzung der Höhe der Steuer ist in das Ermessen des Kreistages, vorbehaltlich der Genehmigung, gestellt. Es entspricht der Absicht der Vorschrift, daß

neue Schankstätten rc. höher herangezogen werden als bestehende, bei denen nur ein Wechsel des Inhabers stattfindet.

Ziff. 2 des § 6 ist vom Abgeordnetenhause in das Gesetz hineingebracht worden.

12. Eine Kreishundesteuer im Höchstbetrage von 5 Mk. war früher schon zulässig (§ 98 KomAbgGes.). Diese Begrenzung ist jetzt fortgefallen.

13. Durch die Abstufung nach Kreisteilen sollen bereits mit Kreisabgaben hoch belastete Kreisteile geschont werden.

14. Es ist Sache der Genehmigungsbehörde, zu prüfen, ob die Höhe der beschlossenen Kreissteuer dort, wo eine gleiche Gemeindesteuer besteht, etwa eine Überlastung der Steuerpflichtigen zur Folge hat.

§ 7. Zur Aufbringung der direkten Kreissteuern sind die einzelnen Gemeinden und Gutsbezirke verpflichtet.[1]

Als Maßstab der Verteilung[2] der Kreissteuern auf diese Verbände dient das Soll der Einkommensteuern und der vom Staate veranlagten Realsteuern, einschließlich der Betriebssteuer, wie es in Gemeinden nach den Vorschriften des Kommunalabgabengesetzes, nach Gemeindebeschlüssen und Vereinbarungen mit Steuerpflichtigen der Gemeindebesteuerung zu Grunde zu legen[3] und in Gutsbezirken gemäß § 13 für die Unterverteilung zu veranlagen ist.

Der Einkommensteuer sind die auf Einkommen von nicht mehr als 900 Mark entfallenden Steuerbeträge — § 38 Abs. 1 des Kommunalabgabengesetzes[4] — hinzuzuzählen; indessen kann der Kreistag beschließen, diese Steuerbeträge insgesamt oder teilweise freizulassen oder mit einem geringeren Prozentsatz als die Einkommensteuer heranzuziehen.[5]

Soweit in Gemeinden eine Steuerart zu den Gemeindeabgaben nicht herangezogen worden ist, wird das Steuersoll durch den Kreisausschuß veranlagt.[6]

Maßgebend für die Verteilung ist das Steuersoll[7] des dem jedesmaligen Etatsjahre vorangegangenen Rechnungsjahrs nach dem Stande des 1. Januar[8] und zwar unter Berücksichtigung der bis zu diesem Zeitpunkt endgültig eingetretenen Berichtigungen und Veränderungen. Steuerbeträge, welche erst nach dem 1. Januar für das Rechnungsjahr veranlagt werden, obwohl die Steuerpflicht schon vor diesem Zeitpunkte begonnen hatte,[9] werden dem Steuersoll des nächsten Rechnungsjahrs hinzugerechnet;[10] Steuerbeträge, welche für Vorjahre veranlagt worden sind, werden dem Steuersoll des Jahres, in dem die Veranlagung erfolgt ist, oder dem des nächsten Rechnungsjahrs hinzugerechnet, je nachdem die Veranlagung vor oder nach dem 1. Januar erfolgt ist.[11] [12]

Neben den nach Abs. 1 Verpflichteten haben diejenigen im Kreise wohnenden oder darin ein Einkommen beziehenden (§ 33 Abs. 1 Ziffer 1 und 2 des Kommunalabgabengesetzes) Personen,[13] welchen, in Abweichung von dem bisherigen Kreissteuerrechte, nach dem Kommunalabgabengesetz eine gänzliche oder teilweise Einkommensteuerfreiheit zusteht,[14] zu den auf die Einkommensteuer[15] gelegten Kreissteuern insoweit besonders beizutragen, als ihr Einkommen nicht schon gemeindesteuerpflichtig ist.[16] In gleicher Weise wird der Fiskus mit seinem Einkommen aus den von ihm zu Ansiedelungszwecken angekauften Besitzungen[17] zu den Kreisabgaben herangezogen. Die besonderen Steuersätze sind unter sinngemäßer Anwendung der für die Gemeindeeinkommensteuer geltenden Vorschriften[18] einheitlich für den Kreis[19] vom Kreisausschusse zu veranlagen und nach dessen näherer Bestimmung[20] von den Veranlagten unmittelbar[21] zu erheben. Die Rechtsmittel der Veranlagten regeln sich nach dem § 14 Abs. 2, 3 und nach dem § 11 Abs. 4, 5 dieses Gesetzes mit der Maßgabe, daß die Frist für den Antrag auf Verteilung[22] kreissteuerpflichtigen Einkommens auf verschiedene Kreise zwei Monate beträgt und zur Beschlußfassung der Bezirksausschuß zuständig ist. Im übrigen findet auf die Veranlagung, Nachforderung, Verjährung und Beitreibung dieser Steuerbeträge § 16 Anwendung.

1. Steuerpflichtige sind jetzt die Gemeinden und Gutsbezirke. Wo also in Gesetzen von der Steuerpflicht einzelner die Rede ist (z. B. §§ 9, 86 Abs. 1 d. KO., wird künftig die mittelbare Kreissteuerpflicht derselben zu verstehen sein. Eine Ausnahme hiervon macht ganz vereinzelt Abs. 6 des § 7.

2. Es ist im Gesetz das System der sog. Kontingentierung gewählt worden, d. h. die Gemeinden und Gutsbezirke haben für jedes Jahr mit einer bestimmten

Kreissteuersumme zu rechnen, welche sich durch Ab- oder Zugänge nicht verändert (vgl. Anm. 8).

8. Die Kreissteuerpflicht deckt sich also jetzt mit der Gemeindesteuerpflicht bis auf die Abweichung des § 7 Abs. 6, welche aber für die Gemeinden nicht in Betracht kommt.

Wo besondere Steuern in der Gemeinde erhoben werden (z. B. an Stelle der Grund- und Gebäudesteuer) ist nicht das Soll dieser, sondern das Soll staatlich veranlagter Steuern, wie es nach Maßgabe des Kommunalabgabengesetzes umlagefähig erscheint (§§ 26 Abs. 3, 80, Abs. 3 KomAbgGes.), zugrunde zu legen.

Was die Einkommensteuer betrifft, so ist nicht das Prinzipalsoll der Staats-, sondern der Gemeinde-Einkommensteuer, an deren Veranlagung durch die Gemeindebehörden bzw. Verwaltungsgerichte der Kreis gebunden ist, maßgebend. Dieser grundsätzliche Standpunkt engster Anlehnung an die Gemeindebesteuerung führt dazu, daß Gemeindebeschlüsse, welche für die Gemeindesteuer maßgebend sind (z. B. in den Fällen der §§ 24 h, 33 Abs. 4, 39, 49 Abs. 2, 50 Abs. 1 KomAbgGes.) auch für die Verteilung des Kreissteuerbedarfes wirksam sind, und daß Gemeindesteuersätze, welche im Wege der Vereinbarung mit Steuerpflichtigen berechnet sind (z. B. in den Fällen der §§ 48, 47 Abs. 1 KomAbgGes.), nach einer dem Verhältnis des Umlage- zum Prinzipalsteuersoll in der Gemeinde entsprechenden Kürzung gleichfalls der Kreissteuerverteilung zugrunde gelegt werden. Z. B. eine Gemeinde hat mit einem Steuerpflichtigen vereinbart, daß er 200 Mk. Gemeindeeinkommensteuer zu entrichten habe. Da die Gemeinde 150% Zuschlag zur Einkommensteuer erhebt, so ist der Betrag von 200 Mk. auf 100% Prinzipalsatz umzurechnen = 133,33 Mk. und letzterer Betrag der Berechnung des Kreissteuersolls zugrunde zu legen.

4. § 38 Abs. 1 KomAbgGes. lautet:

„Steuerpflichtige mit einem Einkommen von nicht mehr als 900 Mk. werden, sofern in den Steuerordnungen (§§ 28 Abs. 5, 37) nicht abweichende Bestimmungen getroffen sind, zu der Einkommensteuer nach Maßgabe folgender Steuersätze veranlagt:

1. bei einem Einkommen von nicht mehr als 420 Mk. nach einem Steuersatze von $^3/_5$ vom Hundert des steuerpflichtigen Einkommens bis zu Höchstbetrage des Steuersatzes von 1,20 Mk.;
2. bei einem Einkommen von mehr als 420 Mk. bis einschließlich 660 Mk. nach einem Steuersatze von 2,40 Mk.;
3. bei einem Einkommen von mehr als 660 Mk. nach einem Steuersatze von 4 Mk.“

5. Bedarf der Genehmigung nach § 19 Ziff. 3.

6. Z. B. auch, wenn an Stelle der Zuschläge eine besondere Einkommensteuer (§ 37 KomAbgGes.) oder Gewerbesteuer (§ 29 das.) oder Grundwertsteuer (§ 25 das.) erhoben wird.

7. Das Prinzipalsoll.

8. Dadurch, daß der Verteilung der Kreissteuer das Steuersoll des Verrechnungsjahres nach dem Stande des 1. Januar zugrunde zu legen ist, haben die Gemeinden und Gutsbezirke das Risiko, daß sie für Ausfälle, die sich aus einer Verringerung des Steuersolles im laufenden Rechnungsjahre gegen das Vorjahr ergeben, aufkommen müssen. Immerhin ist dieses Risiko nicht so groß, da ein Ausgleich im nächsten Jahre stattfindet. Gegen allzustarke Belastung durch Ausfälle gewährt § 15 Schutz. Selbstverständlich haben die Gemeinden und Gutsbezirke auf der anderen Seite den Vorteil, daß ihnen die Zugänge gegen das Soll des Vorjahres zugute kommen.

9. Z. B. wenn die Veranlagung ausgesetzt war, oder ein noch nicht erledigter Verteilungsantrag vorlag, oder

die Gemeindesteuer durch Nachforderung festgesetzt ist (§§ 83 ff. KomAbgGes.).

Das Zurechnen kann im ersten Rechnungsjahre, in welchem die neuen Vorschriften wirksam werden (1907), noch nicht erfolgen, da die Kreise die in der Zeit vom 1. Januar 1906 bis 31. März 1906 nachträglich veranlagten Steuerpflichtigen noch auf Grund der alten Vorschriften zur Kreissteuer heranziehen konnten, also nicht zu kurz gekommen sind.

10. Diese Vorschrift verfolgt die Absicht, den Kreisen die Kreissteuer von den nachträglichen Veranlagungen, bei denen es sich häufig um hohe Summen handelt, zu sichern.

11. Vgl. Anm. 10. Eine Veranlagung für Vorjahre, welche in der Zeit vom 1. April bis 31. Dezember 1906 stattgefunden hat, ist bereits in dem Steuersoll enthalten, welches der Kreissteuer für 1907 zugrunde gelegt wird. Ist dagegen die Veranlagung in der Zeit vom 1. Januar bis 31. März 1907 erfolgt, so muß sie bei Berechnung des Steuersolls für die im Rechnungsjahre 1908 zu erhebende Kreissteuer besonders mit berücksichtigt werden.

12. Abgesehen von dem Übergangsjahr 1907 wird sich die Ermittelung des der Kreisbesteuerung in den Gemeinden zugrunde zu legenden Steuersolls in einfacher Weise so vollziehen, daß der Kreisausschuß sich von den Gemeinden angeben läßt, 1. wie hoch das der Kommunalbesteuerung unterliegende staatliche bzw. staatlich veranlagte Steuersoll der einzelnen Steuersollarten nach dem Stande vom 1. Januar ist; 2. das gleiche Soll derjenigen Steuern, welche in der Zeit vom 1. Januar bis 31. März des vorhergegangenen Kalenderjahres veranlagt sind. Wegen der Gutsbezirke vgl. § 13.

13. Absatz 6 ist dem Gesetze vom Abgeordnetenhause hinzugefügt worden. Die im § 7 Abs. 1 Verpflichteten sind die Gemeinden und Gutsbezirke. Im Abs. 6 wird

nun neben den Gemeinden und Gutsbezirken eine besondere Art von Kreissteuerpflichtigen geschaffen. Vgl. Anm. 14.

14. Nach § 40 Abs. 1 Ziff. 1 KomAbgGes. sind von der Gemeindeeinkommensteuer befreit die Mitglieder des Königlichen Hauses und des Hohenzollernschen Fürstenhauses. Ferner sind nach Abs. 3 daselbst die bestehenden gesetzlichen Bestimmungen, gemäß welchen Standesherren und deren Familien von Gemeindelasten befreit sind, in Kraft geblieben. Diese gesetzlichen Bestimmungen sind, in Art. 25 der AusfAnw. z. KomAbgGes. angeführt. Diese Befreiungen von der Gemeindeeinkommensteuerpflicht erstrecken sich jedoch nicht auf das Forensaleinkommen der Standesherren (E. OVG. Bd. 24 S. 111 u. Bd. 35 S. 189).

Nach dem bisherigen Kreissteuerrechte waren die im § 40 Abs. 1 Ziff. 1 und Abs. 3 KomAbgGes. genannten Personen im vollen Umfange kreissteuerpflichtig. Durch Abs. 6 § 7 ist hinsichtlich der Mitglieder des Königlichen Hauses und des Hohenzollernschen Fürstenhauses diese Verpflichtung ganz, hinsichtlich der Standesherren insoweit aufrecht erhalten, als es sich nicht um Forensaleinkommen handelt (das nach dem KomAbgGes. bereits gemeindesteuerpflichtig ist). Der Kreisausschuß kann also nur die Mitglieder des Königlichen Hauses und des Hohenzollernschen Fürstenhauses, sowie ferner diejenigen Standesherren, welche im Kreise einen Wohnsitz haben, besonders zur Kreissteuer veranlagen und heranziehen.

15. Selbstverständlich bleibt das Einkommen aus außerhalb des Kreises belegenem Grundbesitz, Bergbau, Handel, Gewerbe (§ 33 Ziff. 2 KomAbgGes.) steuerfrei.

16. Dies trifft bei den Standesherren zu, welche in einer Gemeinde als Forensen zur Gemeindeeinkommensteuer herangezogen werden. (Vgl. Anm. 14 Abs. 1 Schluß.)

17. Nach § 33 Ziff. 4 KomAbgGes. ist der Staatsfiskus bezüglich seines Einkommens aus den von ihm

betriebenen Eisenbahn-, Bergbau- und sonstigen gewerblichen Unternehmungen, sowie aus Domänen und Forsten gemeindesteuerpflichtig. Das Einkommen des Fiskus aus solchen Grundstücken, welche nicht zu den Domänen und Forsten gehören, ist daher steuerfrei. Nach einer Entscheidung des Oberverwaltungsgerichtes vom 25. Nov. 1891 gehören die zu Ansiedelungszwecken vom Staate erworbenen Grundstücke nicht zu den Domänen und Forsten. Das Einkommen daraus ist daher nicht gemeindesteuerpflichtig und wäre auch nicht kreissteuerpflichtig. Daß letzteres eintritt, verhindert die Vorschrift des § 7 Abs. 6.

18. Vgl. §§ 33 Abs. 3, 34, 36, 38, 41, 42, 43, 47 bis 52, 60 Abs. 2 Ziff. 1c und Ziff. 2c, 65, 66 KomAbgGes.

19. Einheitlich. Das gesamte Einkommen im Kreise ist als ein steuerpflichtiges Einkommen anzusehen und demgemäß zu veranlagen.

20. Vgl. §§ 65 Abs. 2 und 66 KomAbgGes. Danach hat der Steuerpflichtige eine besondere Benachrichtigung zu beanspruchen. Die Fälligkeitstermine setzt nach § 66 KomAbgGes. der Kreisausschuß fest. Vgl. Anm. 2 zu § 11.

21. Also nicht durch die Gemeinden.

22. Vgl. § 71 KomAbgGes.

§ 8. Der Kreistag kann mittels Erlasses einer Steuerordnung[1] beschließen, daß die der Verteilung der direkten Kreissteuern auf Gemeinden und Gutsbezirke zugrunde zu legende Grund- und Gebäudesteuer durch eine nach dem Maßstabe des Wertes[2] zu veranlagende Steuer vom Grundbesitz[3] ersetzt wird. [3] Dabei soll der Bewertung von Grundstücken, welche dauernd land- oder forstwirtschaftlichen

Zwecken[4] zu dienen bestimmt sind, in der Regel der Reinertrag zugrunde gelegt werden, den die Grundstücke nach ihrer bisherigen wirtschaftlichen Bestimmung bei ordnungsmäßiger Bewirtschaftung nachhaltig gewähren.[5]

Die Grundwertsteuer ist vom Kreisausschusse zu veranlagen.[6] [7]

1. Wegen der Genehmigung vgl. § 19 Ziff. 2, wegen der Androhung von Strafen § 17.

Mit Rücksicht auf § 7 Abs. 5 wird die Steuerordnung besonders auch darüber Bestimmung zu treffen haben, ob das Soll der Grundwertsteuer für das laufende oder für das vorangegangene Rechnungsjahr der Verteilung zugrunde gelegt werden soll.

2. In der Gesetzesvorlage hieß es „gemeiner Wert". Im Abgeordnetenhause wurde das Wort „gemeiner" gestrichen, weil man die Kreise auf eine Grundsteuer einzig und allein nach dem gemeinen Wert nicht binden wollte. Den Kreisen ist durch das Streichen des Wortes „gemeiner" die Möglichkeit eröffnet, bei Einführung einer Grundwertsteuer den gemeinen Wert oder den Ertragswert oder einen Wert, der sich zwischen beiden Werten bewegt, mit der im Satz 2 § 8 vorgeschriebenen Einschränkung zu wählen. Der Kreistag kann den Begriff „Wert" in der Steuerordnung so bestimmen, wie es den Verhältnissen des Kreises entspricht (vgl. Anm. 4).

3. Die Grundwertsteuer soll nicht den Zweck haben, dem Kreise eine neue Steuerquelle zu eröffnen, sie soll vielmehr lediglich eine gerechtere Verteilung der auf den Grundbesitz gelegten Kreisabgaben ermöglichen. Dies ergibt sich aus § 9 Abs. 1. Die Grundwertsteuer richtet sich, dem System der Kontingentierung entsprechend, nicht gegen die Grundstückseigentümer, sondern gegen die Gemeinden. Daher steht auch nur letzteren das Rechtsmittel zu (vgl.

§ 11 Abs. 2 und 3). Die Kreisgrundwertsteuer hat den Effekt, daß die Gemeinden mit höheren Bodenwerten mit einer verhältnismäßig höheren Kreissteuer gegenüber den Gemeinden mit minder hohen Bodenwerten belastet werden.

8. Satz 2 des § 8 zwingt die Kreise, diejenigen Grundstücke, welche dauernd land- und forstwirtschaftlichen Zwecken dienen, nur mit dem Ertragswerte heranzuziehen und zwar selbst dann, wenn für die übrigen Grundstücke eine Kreissteuer vom gemeinen Werte eingeführt ist (vgl. Anm. 2). Zu der Entstehungsgeschichte sei folgendes bemerkt:

Nach der Gesetzesvorlage sollten die Kreise eine Grundsteuer nur nach dem ‚gemeinen' Werte einzuführen berechtigt sein. Satz 2 des § 8 fehlte. In der Kommission des Abgeordnetenhauses wurde der Versuch gemacht, an Stelle der Wertsteuer eine Ertragssteuer festzulegen. Die Mehrheit der Kommission war dafür, daß die rein landwirtschaftlichen Grundstücke durch eine Steuer nach dem gemeinen Wert ungebührlich betroffen würden. Es wurde daher das Wort ‚gemeiner' aus den in Anm. 2 angeführten Gründen gestrichen. Bei der 2. Beratung des Gesetzentwurfes wurde im Abgeordnetenhause dem § 8 folgender 2. Satz zugefügt:

„Hierbei ist für die Bewertung von Grundstücken, die dem Betriebe der Land- oder Forstwirtschaft, der Viehzucht, dem Wein-, Obst- oder Gartenbau dienen und die dieser Benutzung nach Lage der Verhältnisse voraussichtlich noch für längere Zeit erhalten bleiben, lediglich der durchschnittliche Ertrag von Grundstücken gleicher Art maßgebend."

Dieser Satz erhielt bei der 3. Beratung folgende Fassung:

„Die Bestimmung des Wertes bleibt der Steuerordnung vorbehalten. Bei land- und forstwirtschaftlich oder gärtnerisch genutzten Grundstücken, deren Verkauf zu Spekulationszwecken derzeit rechtlich ausgeschlossen ist oder tatsächlich ausgeschlossen erscheint, soll der jeweilige Verkaufswert in der Regel nicht zugrunde gelegt werden."

In der Kommission des Herrenhauses wurde dem Satze die Gesetz gewordene Fassung gegeben.

4. Zu den land- oder forstwirtschaftlich genutzten Grundstücken gehören auch Gärtnereigrundstücke, sowie Grundstücke, welche dem Wein- und Obstbau ausschließlich dienen. Bei der Bewertung soll unterschieden werden zwischen Gärtnereien mit entschieden landwirtschaftlichem Charakter und solchen mit Handels- und gewerblichem Charakter (KomBer. HH.).

5. Diese Art der Ermittelung des Ertragswertes entspricht dem § 2049 BGB.

6. Über die Hilfe, welche der Kreisausschuß anläßlich der Veranlagung bei den Staats- und Kommunalbehörden in Anspruch nehmen kann und über sein Fragerecht gegenüber den Grundbesitzern trifft § 16 Abs. 2 Bestimmung.

7. Gegen die Veranlagung steht nur den Gemeinden und Gutsbezirken das Rechtsmittel (§ 11) zu. Die Eigentümer der Grundstücke haben, wie aus dem Systeme der Kontingentierung folgt, keine Rechtsmittel.

§ 9.[1] Die Realsteuern sind in der Regel[2] mit dem gleichen Prozentsatze heranzuziehen, mit welchem die Einkommensteuer belastet wird; das auf Grund einer Grundwertsteuer (§ 8) zu erhebende Steuersoll ist nach der Steuersumme zu bemessen, mit welcher die Grund- und Gebäudesteuer im Kreise herangezogen werden darf.[3]

Ausnahmen von dieser Vorschrift, insbesondere die geringere Belastung oder die Freilassung der untersten Gewerbesteuerklassen sind zulässig.[4]

Der Kreistag kann den festgestellten Maßstab einer Revision unterwerfen, wenn seit der letzten Feststellung mindestens fünf Jahre verstrichen sind. In Ausnahmefällen[5] ist die frühere Vornahme einer Revision zulässig.[6]

1. Vgl. § 10 KO. § 91 KomAbgGes.

2. Ausnahmen von der Regel sind nach Abs. 2 zulässig.

3. Die Grundwertsteuer soll also keinen Überschuß ergeben, z. B. ein Kreis erhebt 50% Zuschläge. Das Veranlagungssoll der Grund- und Gebäudesteuer beträgt 100000 Mk. 50% davon = 50000 Mk. Die Grundwertsteuer darf nicht mehr ergeben als 50000 Mk. Die gesamten Werte sind mit 25000000 Mk. eingeschätzt, sodaß um 50000 Mk. aufzutragen, 2‰ erhoben werden müssen.

4. Durch diesen Absatz sollen ganz allgemein Ausnahmen von der Verteilungsregel Abs. 1 zugelassen werden, so daß es möglich ist, nicht nur die untersten Gewerbesteuerklassen minder zu belasten oder freizulassen, sondern auch in geeigneten Fällen Grundstücksbesitzer und Gewerbetreibende im Verhältnisse zueinander oder im Verhältnis zu den Einkommensteuerpflichtigen mit verschiedenen Prozenten der Steuersätze heranzuziehen. Selbstverständlich hat die Möglichkeit der stärkeren Heranziehung des Fiskus nach § 14 Abs. 8 KO. jetzt aufgehört. Ebenso ist die Vorschrift des § 12 Abs. 1 KO. des besonderen Verteilungsmaßstabes für Verkehrsanlagen entbehrlich geworden (Begr.).

Die Ausnahmen bedürfen der Genehmigung nach § 19 Ziff. 8.

5. Z. B. bei Einführung einer Grundwertsteuer (Begr.).

6. Bedarf der Genehmigung nach § 19 Ziff. 8.

§ 10.[1] Handelt es sich um Veranstaltungen des Kreises,[2] welche ausschließlich oder in besonders hervorragendem oder geringem Maße einzelnen Kreisteilen zustatten kommen, so kann der Kreistag eine ausschließliche Belastung [3] oder eine nach Umfang und Maßstab näher zu bestimmende Mehr- oder Minderbelastung dieser Kreisteile beschließen. Die Bestimmung im § 5 Abs. 2 findet entsprechende Anwendung.[4]

Soweit hinsichtlich der Vorausbelastung einzelner Kreisteile bei Aufbringung der Kosten für Anlegung oder Unterhaltung von Wegen besondere gesetzliche Vorschriften bestehen, behält es dabei sein Bewenden.[5]

1. Vgl. § 18 KO.

2. Wegen der Veranstaltungen vgl. §§ 4 und 5.

Der Ausdruck „Kreisveranstaltung" begreift nicht etwa nur solche Fälle, in welchen der Kreis eine Anlage oder Anstalt selbst ins Leben ruft, sondern ebensowohl auch die Fälle, in welchen er das Unternehmen eines anderen durch seine Beteiligung fördert (Begr.).

3. Die ausschließliche Belastung einzelner Kreisteile war nach dem bisherigen Rechte nicht möglich.

4. Vgl. Anm. 9 zu § 5.

5. Der Abs. 2 läßt Sonderbestimmungen des provinziellen Straßenrechtes (z. B. § 18 Abs. 2 KO. für Schleswig-Holstein in Verbindung mit § 5 Abs. 2 des Gesetzes vom 26. Februar 1879, GesS. S. 94, § 37 des Gesetzes, betr. Änderungen der Wegegesetzgebung der Provinz Hannover vom 24. Mai 1894, (GesS. S. 82) über Vorausbelastung bei Aufbringung der Kosten für Anlegung und Unterhaltung von Wegen unberührt (Begr.).

§ 11. Der vom Kreistage festgestellte Kreissteuerbedarf wird, nach Abzug der gemäß § 7 Abs. 6 besonders veranlagten Steuerbeträge,[1] auf die Gemeinden und Gutsbezirke verteilt. Dabei wird ihnen in den Fällen des § 7 Abs. 4 und des § 8 das Ergebnis der Veranlagung der einzelnen Steuerpflichtigen mitgeteilt. Die Zahlung an die Kreiskommunalkasse hat zu den von dem Kreisausschusse zu bestimmenden Terminen[2] zu erfolgen.

Gegen die Verteilung der Kreissteuern steht den Gemeinden und Gutsbezirken binnen einer Frist von vier Wochen[3] der Einspruch zu,[4] [5] über welchen der Kreisausschuß beschließt.

Mit dem Einspruche kann die Veranlagung der einzelnen Steuerbeträge, aus denen sich das der Kreisbesteuerung zu Grunde gelegte Steuersoll zusammensetzt, nur in den Fällen des § 7 Abs. 4 und des § 8 von den Gemeinden angegriffen werden.[6] Ist in den Fällen des § 8 nach Vorschrift der Steuerordnung ein Grundstück nach demjenigen Werte zu veranlagen, welcher der staatlichen Veranlagung dieses Grundstücks zur Ergänzungssteuer zu Grunde zu legen ist, so kann die Höhe dieses Wertes nicht angegriffen werden, wenn sie aus den Besteuerungsmerkmalen der staatlichen Ergänzungssteuer übernommen ist.

Gegen den Beschluß des Kreisausschusses findet innerhalb einer Frist von zwei Wochen[7] die Klage bei dem Bezirksausschusse statt. Gegen die Entscheidung des Bezirksausschusses ist nur das Rechtsmittel der Revision[8] zulässig.

Durch Einspruch und Klage wird die Verpflichtung zur Zahlung der Kreissteuern nicht aufgeschoben.

1. In Abzug gebracht, weil sie vom Kreisausschusse direkt erhoben werden.

2. Es hängt von der Bestimmung des Kreisausschusses ab, in welchen Raten, ob ein-, zwei- oder dreimonatlich, zu zahlen ist. Da die Gemeinden nach § 66 KomAbgGes. zwei- oder dreimonatliche Hebeperioden einführen können und in den meisten Gemeinden die dreimonatliche Hebeperiode besteht, so dürfte es sich mit Rücksicht auf die Gemeinden empfehlen, wenn vom Kreisausschusse der Zahlungstermin derart festgesetzt wird, daß die Kreissteuer bis zum 10. jedes dritten Vierteljahrsmonats (Juni, September, Dezember, März) abzuführen ist.

Wegen der zwangsweisen Einziehung vgl. § 16.

3. Wann die Frist beginnt und ob sie präklusivisch ist, ist im Gesetze nicht gesagt (vgl. § 94 KomAbgGes.).

Es wird auf § 52 LandVerwGes. verwiesen.

4. Da in dem Systeme der Kontingentierung steuerpflichtig nur Gemeinden und Gutsbezirke sind, so ist auch nur für diese eine Legitimation zum Einspruch und zur Klage wegen Ermäßigung des Kreissteuerkontingentes begründet. Der Gutsbezirk wird hierbei entsprechend dem geltenden Rechte nicht vom Gutsvorsteher, sondern vom Gutsbesitzer vertreten (OVG. Bd. XXI S. 10) — Begr. — Wegen des den Einwohnern eines Gutsbezirkes außerdem noch zustehenden Einspruchsrechtes vgl. § 14 Abs. 2.

5. § 19 KO. kennt zwei Rechtsmittel: Das der Beschwerde über das Recht zur Mitbenutzung der öffentlichen Einrichtungen und Anstalten des Kreises, und das des Einspruches über die Heranziehung oder die Ver-

anlagung zu den Kreisabgaben. Letzteres Recht ist durch die neue Vorschrift des § 11 ersetzt, ersteres Recht bestehen geblieben.

6. In der Regel kann das Rechtsmittel nicht zum Angriff gegen die dem Kreissteuerkontingent zugrunde liegenden Einzelveranlagungen benutzt werden. Für die Rechtsmittel gegen diese Einzelveranlagungen kommen in Gemeinden §§ 68 ff. KomAbgGes. und in Gutsbezirken § 14 des Gesetzes in Betracht. Ausnahmsweise kann indessen eine Gemeinde bei der Anfechtung des ihr überwiesenen Kontingentes solche Einzelveranlagungen angreifen, welche der Kreisausschuß selbständig (§ 7 Abs. 4, 8) oder im Falle des § 8 ohne Grundlage der Ergänzungssteuermerkmale vorgenommen hat, denn ohne diese Befugnis der Gemeinden würde es an der Möglichkeit einer Berichtigung derartiger Einschätzungsfälle fehlen (Begr.).

7. Vgl. § 52 Landesverwaltungsgesetzes.

8. Innerhalb zwei Wochen. Vgl. §§ 85, 95 Landesverwaltungsgesetzes.

§ 12. Die Gemeinden haben den auf sie entfallenden Teil des Kreissteuerbedarfs gleich den übrigen Gemeindeausgaben aufzubringen.

§ 13. In den Gutsbezirken wird der auf sie entfallende Teil des Kreissteuerbedarfs[1] von dem Kreisausschusse gemäß den für die direkten Gemeindesteuern geltenden Bestimmungen des Kommunalabgabengesetzes — mit Ausschluß des § 49 Abs. 2 und des § 50 Abs. 1 Satz 2 — sowie des Gesetzes wegen Aufhebung direkter Staatssteuern vom 14. Juli 1893 (Gesetz-Samml. S. 119) durch Veranlagung der Steuerpflichtigen unterverteilt. Die Veranlagung erfolgt nach dem vom Kreistage beschlossenen Maßstabe (§§ 9, 8).[2]

Wo nach den bestehenden gesetzlichen Bestimmungen[3] für die Veranlagung oder Erhebung von direkten Gemeindesteuern ein Gemeindebeschluß maßgebend ist, tritt an die Stelle eines solchen der Beschluß des Kreisausschusses.

1. Vgl. § 2.

2. Die Kreisabgabenbeträge sind nach den Rechtsgrundsätzen über Gemeindebesteuerung auf die hiernach Pflichtigen zu veranlagen. Dabei ist indessen das vom Kreistage beschlossene Belastungsverhältnis unter den Steuerarten und im Falle des § 8 die dort geregelte Grundsteuerform maßgebend. Für die Veranlagung der Realsteuern gelten auch im Gutsbezirke für die Zukunft §§ 4, 11 des Gesetzes wegen Aufhebung direkter Staatssteuern vom 14. Juli 1893. Was die Einkommensteuer anbelangt, so liegen dem Kreisausschusse z. B. bei der Verteilung des steuerpflichtigen Einkommens auf verschiedene Gemeinden oder Gutsbezirke, die sich aus §§ 47 ff. KomAbgGes. ergebenden Aufgaben ob (vgl. § 52 KomAbgGes.). Dabei müssen indessen §§ 49 Abs. 2, 50 Abs. 1 Satz 2 des KomAbgGes. bei der Besteuerung im Gutsbezirke außer Betracht bleiben. Denn diese Bestimmungen über den Vorbehalt eines Einkommensviertels bei der Verteilung des steuerpflichtigen Einkommens im Verhältnis von Wohnsitz- und Forensalgemeinden sowie von Wohnsitzgemeinden untereinander setzen gleichartige Steuergläubiger voraus, während hier Kreis und Gemeinde als Steuergläubiger konkurrieren. Dem Gutsbezirke erwächst dadurch keine Überlastung (Begr.).

In Frage kommen die §§ 24, 26, 28, 30, 32, 33 bis 36, 38—48a, 49 Abs. 1, § 50 (ohne Abs. 1 Satz 2), 51, 52, 60 KomAbgGes.

3. Z. B. §§ 24 Abs. 1 zu h u. 33 Abs. 4 KomAbgGes.

§ 14. Der Kreisausschuß beschließt über die Art der Steuererhebung in den Gutsbezirken.[1]

Gegen die Heranziehung zur Kreissteuer in den Gutsbezirken steht den Steuerpflichtigen binnen einer Frist von vier Wochen der Einspruch zu, über welchen der Kreisausschuß beschließt.[2] Hinsichtlich der weiteren Rechtsmittel findet § 11 Abs. 4 und 5 dieses Gesetzes Anwendung.

Die Verteilung steuerpflichtigen Einkommens[3] auf eine Mehrzahl steuerberechtigter Gutsbezirke und Gemeinden regelt sich nach den §§ 71 bis 74 des Kommunalabgabengesetzes.[4]

1. Der Beschluß wird sich nach §§ 65—67 KomAbgGes. richten können (vgl. § 11 Anm. 2).

§§ 65—67 lauten:

§ 65. Im Falle der Erhebung von Prozenten der vom Staate veranlagten Realsteuern sowie von Zuschlägen zur Staatseinkommensteuer erfolgt die Bekanntmachung der Steuern durch den Gemeindevorstand für diejenigen Steuerpflichtigen, bezüglich deren die staatlich veranlagte Steuer die unveränderte Grundlage der Prozente oder Zuschläge bildet, durch eine in ortsüblicher Weise zu bewirkende Veröffentlichung der zu erhebenden Prozentsätze, für andere Steuerpflichtige durch besondere Mitteilung.

Bei Erhebung besonderer Gemeindesteuern geschieht die Bekanntmachung durch den Gemeindevorstand für die im Gemeindebezirke wohnenden steuerpflichtigen physischen Personen mittelst Auslegung der Hebeliste während eines zweiwöchigen Zeitraumes in einem oder mehreren, in ortsüblicher Weise zur öffentlichen Kenntnis zu bringenden Räumen des Gemeindebezirks, für die übrigen Steuerpflichtigen durch besondere Mitteilung.

Bei Zugängen im Laufe des Jahres bedarf es stets besonderer Mitteilung.

Durch Gemeindebeschluß kann an Stelle der Bekanntmachung durch Auslegung eine besondere Mitteilung an jeden einzelnen Pflichtigen angeordnet werden.

§ 66. Nach erfolgter Bekanntmachung (§ 65) ist die Steuer in den ersten 8 Tagen eines jeden Monats zu entrichten. An Stelle des Monats kann durch Gemeindebeschluß eine zwei- oder dreimonatliche Hebeperiode eingeführt werden. Auch können durch Gemeindebeschluß bestimmte Hebungstage festgesetzt werden.

Wenn die zu erhebenden Prozentsätze der vom Staate veranlagten Realsteuern oder die Zuschläge zur Einkommensteuer 50 vom Hundert nicht übersteigen, so kann durch Gemeindebeschluß unter Festsetzung der Hebetermine die Hebung der Steuer in halbjährigen Beträgen oder auch im Betrage des ganzen Jahres angeordnet werden.

Dem Pflichtigen ist stets die Vorausbezahlung mehrerer Raten bis zum Jahresbetrage gestattet.

§ 67. Die Gemeinden können die von den Mitgliedern einer Gesellschaft mit beschränkter Haftung gemäß § 38 Nr. 2 und 8 zu entrichtende Gemeindeeinkommensteuer von der Gesellschaft einziehen."

2. In den Gutsbezirken steht einmal dem Gutsbesitzer das Einspruchsrecht nach § 11 zu. Daneben haben die einzelnen Pflichtigen noch ein Rechtsmittel des Einspruches.

Der Gutsvorsteher kann auch die Personen zur Kreissteuer heranziehen, welche vom Kreisausschusse gar nicht veranlagt sind, z. B. Neuzugezogene nach Ablauf von 3 Monaten. Der Gutsvorstand erhebt die Kreissteuer von den Pflichtigen nicht nach den vom Kreisausschusse veranlagten Beträgen, sondern nach Maßgabe der zeitigen Höhe der Staatssteuerveranlagung. Hieraus ergibt sich der absonderliche Zustand, daß der Kreisausschuß über Einsprüche befinden muß, die sich gegen eine vom Kreise gar nicht bewirkte Veranlagung richten.

3. Die Verteilung als Rechtsmittel neben den gewöhnlichen Rechtsmitteln.

4. §§ 71—74 KomAbgGes. lauten:

§ 71. Über die Verteilung gemeindesteuerpflichtiger Einkommen auf eine Mehrzahl steuerberechtigter (Wohnsitz-, Aufenthalts-, Belegenheits-, Betriebs-) Gemeinden gemäß den Vorschriften dieses Gesetzes (§§ 47—51 in Verbindung mit §§ 88 und 52) beschließt auf Antrag des Steuerpflichtigen unter Zugrundelegung der Einschätzung der einzelnen Gemeinden der Kreisausschuß und, soweit die Stadt Berlin oder andere Stadtgemeinden in Betracht kommen, der Bezirksausschuß nach Anhörung sämtlicher Beteiligten.

Der Antrag des Steuerpflichtigen, welcher binnen der Frist von 4 Wochen, vom Tage der Bekanntmachung der Steuer (§ 65) seitens der zweiten oder einer weiteren eine Steuerforderung erhebenden Gemeinde abgerechnet, zu stellen ist, tritt an die Stelle des Einspruchs gegen die Heranziehung (Veranlagung) zu den bezüglichen Steuern in jeder einzelnen der beteiligten Gemeinden (§ 69).

Der Kreis(Bezirks)ausschuß hat nach verhandelter Sache den auf jede Gemeinde entfallenden Teil des steuerpflichtigen Einkommens und den von demselben zu entrichtenden Steuerbetrag festzusetzen.

Zutreffenden Falles kommen die Bestimmungen des § 58 des Gesetzes über die allgemeine Landesverwaltung vom 30. Juli 1883 dahin zur Anwendung, daß auch in den Fällen, in welchen die Stadt Berlin beteiligt ist, der Minister des Innern den Bezirksausschuß bestimmt, welcher zu beschließen hat.

§ 72. Gegen den Beschluß des Kreis(Bezirks)ausschusses findet binnen einer Frist von 2 Wochen der Antrag auf mündliche Verhandlung im Verwaltungsstreitverfahren statt. In den Fällen, in welchen der § 58 a. a. O. zur Anwendung kommt, ist für das Verwaltungsstreitverfahren derjenige Kreis(Bezirks)ausschuß zuständig, welcher in Ansehung des Beschlußverfahrens für zuständig erklärt worden war.

Der Antrag auf mündliche Verhandlung im Verwaltungsstreitverfahren steht sowohl dem Steuerpflichtigen, als auch einer jeden Gemeinde zu, auf deren Steuerforderung sich der Beschluß erstreckt, und richtet sich gegen sämtliche Beteiligte, dereren Teilverhältnis durch den von dem Kläger verfolgten Anspruch berührt wird.

§ 73. Wird während schwebenden Beschluß- oder Verwaltungsstreitverfahrens eine weitere Forderung auf Zahlung von Gemeindesteuern in Ansehung des dem Verfahren unterliegenden Einkommens erhoben, so hat der Steuerpflichtige binnen der Frist von 4 Wochen, vom Tage der Bekanntmachung der bezüglichen Steuerforderung (§ 65) abgerechnet, deren Einbeziehung in das schwebende Verfahren bei derjenigen Behörde zu betragen, bei welcher die Sache anhängig ist. In diesem Verfahren ist alsdann gleichzeitig auch über die später erhobene Steuerforderung zu beschließen oder zu entscheiden.

§ 74. Wird nach rechtskräftig entschiedener Sache eine weitere Steuerforderung in Ansehung des Einkommens erhoben, welches den Gegenstand des früheren Verfahrens gebildet hat, so finden die vorstehenden Bestimmungen (§§ 71 bis 73) sinngemäße Anwendung mit der Maßgabe, daß derjenige Kreis(Bezirks)ausschuß, welcher in dem ersten Verfahren beschlossen und entschieden hat, auch für das zweite Verfahren zuständig ist, und daß das rechtskräftig festgesetzte Anteilsverhältnis der bei dem ersten Verfahren beteiligt gewesenen Gemeinden in dem zweiten Verfahren nicht mehr geändert, in dem letzteren vielmehr nur noch darüber beschlossen und entschieden werden kann, welchen Betrag die früher aufgetretenen Steuergläubiger dem später aufgetretenen nach dem durch das rechtskräftige Urteil für sie festgesetzten Anteilsverhältnisse zu erstatten haben."

§ 15. Ist in einer Gemeinde oder einem Gutsbezirke das der direkten Kreisbesteuerung zu Grunde gelegte Gesamtsteuersoll im Laufe eines Rechnungsjahrs durch Abgänge nach Abzug der Zugänge um mehr als 10 Prozent verringert worden, so ist der Mehrbetrag des Ausfalls auf Antrag vom Kreise zu erstatten. Bei geringerem Ausfalle kann der Kreisausschuß auf Antrag Erstattung gewähren.[1]

Das Diensteinkommen der unmittelbaren und mittelbaren Staatsbeamten darf zu den auf das Einkommen gelegten Kommunalsteuern nur mit den aus den §§ 4 und 5 Abs. 1 der Verordnung vom 23. September 1867 (Gesetz-Samml. S. 1648)[2] sich ergebenden Beschränkungen herangezogen werden. Soweit sich der von dem Diensteinkommen gemäß § 4 a. a. O. berechnete Kommunalsteuerbetrag zufolge der Bestimmungen der §§ 12 und 13 dieses Gesetzes über das nach dem § 5 Abs. 1 jener Verordnung zulässige Maß erhöhen würde, ist der Kreis auf Antrag der Gemeinde (des Gutsbezirkes) zur Erstattung des überschießenden Betrags verpflichtet.[3]

1. Das bisherige Recht, das eine Erstattung in das Belieben des Kreises stellt, ist damit erweitert worden.

2. Die §§ 4 und 5 Abs. 1 der Verordnung lauten:
„§ 4. Das Diensteinkommen wird in solchen Fällen nur halb so hoch als anderes gleich hohes persönliches Einkommen der Steuerpflichtigen veranlagt.

Wenn die Veranlagung nicht unmittelbar den Einkommensbetrag zur Grundlage hat, so ist, unter Genehmigung der Aufsichtsbehörde des besteuernden kommunalen Verbandes, das Einschätzungsverfahren dergestalt besonders zu regeln, daß der vorstehende Grundsatz analog zur Anwendung kommt.

Das Diensteinkommen von zufälligen Emolumenten wird gleich dem festen Gehalte besteuert; zu diesem Behufe wird nötigenfalls der Betrag derselben in runder Summe durch die vorgesetzte Dienstbehörde festgestellt.

§ 5. An kommunalen Auflagen aller Art (§ 1) dürfen äußerstenfalls im Gesamtbetrage bei Besoldungen (§ 3) unter 250 Taler nicht mehr als ein Prozent, bei Besoldungen von 250—500 Taler ausschließlich nicht mehr als anderthalb Prozent, und bei höheren Besoldungen nicht mehr als zwei Prozent des gesamten Diensteinkommens jährlich gefordert werden."

3. Der Kreis steht also der Gemeinde nach. — Der Erstattungsfall kann eintreten bei hohen Gemeinde- und Kreissteuerzuschlägen und hohen Diensteinkommen oder wenn ein Beamter mit geringerem Diensteinkommen noch erhebliches Privateinkommen versteuert, z. B. ein Beamter hat 2500 Mk. Gehalt und 2500 Mk. Privateinkommen. Für die Kommunalbesteuerung kommen in Betracht $\frac{2500}{2} = 1250 + 2500 = 3750$ Mk. Prinzipalsatz 80 Mk. Die Gemeinde erhebt 200 % = 160 Mk. Auf das halbe Diensteinkommen von 1250 Mk. entfallen von den 160 Mk. verhältnismäßig 53,33 Mk. Da nicht mehr als 2 % des Diensteinkommens (= 50 Mk.) erhoben werden dürfen, so ist der Kreis, der 50 % Zuschläge (im obigen Falle = 40 Mk.) erhebt, zur Erstattung der überschießenden 3,33 Mk. verpflichtet, denn von seinen 40 Mk. Kreissteuer entfallen auf das Diensteinkommen verhältnismäßig 13,33 Mk.

§ 16. Auf die Rechtsmittel gegen die Heranziehung (Veranlagung) zu Gebühren, Beiträgen und indirekten Steuern finden § 14 Abs. 2 und § 11

Abs. 4, 5 dieses Gesetzes, auf die Nachforderung, Verjährung und Beitreibung von Kreisabgaben die §§ 87, 88 und 90 des Kommunalabgabengesetzes[1] entsprechende Anwendung.

Die Gemeinden und Gutsbezirke sind zur Wahrnehmung örtlicher Geschäfte der Veranlagung und Erhebung von Kreisabgaben nach Anweisung des Kreisausschusses verpflichtet. Im übrigen finden auf diese Veranlagung die §§ 62 und 63 des Kommunalabgabengesetzes[2] entsprechende Anwendung.

§§ 87, 88, 90 KomAbgGes. lauten:

§ 87. Die Berechtigung der Gemeinden zur Nachforderung anderer Gemeindeabgaben als direkter Steuern beschränkt sich ohne Unterscheidung, ob die Abgabe gar nicht oder mit einem zu geringen Betrage erhoben worden ist,

1. bei Verbrauchsabgaben auf die Frist eines Jahres, vom Tage des Eintritts der Zahlungsverpflichtung an gerechnet,
2. bei sonstigen indirekten Steuern, Gebühren und Beiträgen (§§ 4—11), sowie bei Kosten auf die Frist von 8 Jahren seit dem Ablaufe desjenigen Jahres, in welchem die Forderung entstanden ist.

Die Nachforderung von Naturaldiensten ist, sofern die Nachleistung nach den Zwecken der zu leistenden Dienste überhaupt noch möglich ist, auf die Dauer des laufenden Rechnungsjahres beschränkt.

§ 88. Zur Hebung gestellte Gemeindeabgaben und Kosten, welche im Rückstande verblieben oder befristet sind, verjähren in 4 Jahren, von dem Ablaufe des Jahres an gerechnet, in welches der Zahlungstermin fällt.

Die Verjährung wird durch eine an den Pflichtigen erlassene Zahlungsaufforderung, durch Verfügung der Zwangsvollstreckung und durch Stundung unterbrochen.

Nach Ablauf des Jahres, in welchem die letzte Aufforderung zugestellt, die Zwangsvollstreckung verfügt oder die bewilligte Frist abgelaufen ist, beginnt eine neue vierjährige Verjährungsfrist.

§ 90. Gebühren, Beiträge, Steuern und Kosten, sowie die nach einem von der Aufsichtsbehörde festgestellten Tarife erhobenen Vergütungen (Kurtaxen usw.) unterliegen der Beitreibung im Verwaltungszwangsverfahren nach Maßgabe der Verordnung vom 7. September 1879 (GesS. S. 591).

Sind Naturaldienste zu leisten, so ist der Gemeindevorstand bei Säumnis der Pflichtigen befugt, die Dienste durch Dritte leisten und die entstehenden Kosten von den ersteren im Verwaltungszwangsverfahren beitreiben zu lassen."

1. § 87 KomAbgGes. spricht nicht von der Nachforderung direkter Steuern. Der Gesetzentwurf kannte nur das System der Kontingentierung, bei welchem Nachforderungen direkter Steuern ausgeschlossen sind. Bei der Beratung des Gesetzentwurfes ist die besondere Kreissteuerpflicht der Standesherren und des Ansiedelungsfiskus (vgl. § 7 Abs. 6) konstruiert worden. Dabei ist es anscheinend nicht beachtet, daß nach § 16 eine Nachforderung direkter Kreissteuern nicht zulässig ist. Auf die Nachforderung direkter Kreissteuern finden daher §§ 6 und 10 des Gesetzes über die Verjährungsfristen bei öffentlichen Abgaben vom 18. Juni 1840 (GesS. S. 140) Anwendung.

„§ 6. Die Nachforderung von Klassen-, Gewerbe- und persönlichen, auf besonderen Titeln beruhenden Steuern findet im Falle gänzlicher Übergehung nach den im § 5 enthaltenen Regeln statt; im Falle eines zu geringen Ansatzes fällt bei diesen Steuern jede Nachforderung weg.

§ 5. Eine Nachforderung von Grundsteuern ist zulässig, sowohl bei gänzlicher Übergehung, als bei zu geringem Ansatz, in beiden Fällen aber nur für das Kalenderjahr, worin die Nachforderung geltend gemacht wird.

§ 10. Ist in der unterlassenen Entrichtung der ganzen Steuer oder eines Teiles derselben eine Kontravention gegen die Steuergesetze enthalten, so verjährt die Nachforderung nur gleichzeitig mit der gesetzlichen Strafe."

Die §§ 62 und 63 lauten:

2. „§ 62. Dem Gemeindevorstande (Steuerausschuß) sind von den zuständigen Staatsbehörden diejenigen bei der Veranlagung oder Festsetzung der Staatssteuern bekannt gewordenen Besteuerungsmerkmale, deren er für die Veranlagung bedarf, auf Ersuchen mitzuteilen.

Zu dem gleichen Zwecke haben die Behörden anderer Gemeinden hinsichtlich der ihnen bekannten Besteuerungsmerkmale dem Gemeindevorstande (Steuerausschuß) auf Erfordern Auskunft zu erteilen.

§ 63. Durch die Steuerordnung können die Rechte des Gemeindevorstandes (Steuerausschusses) und die Obliegenheiten der Steuerpflichtigen nach Maßgabe folgender Bestimmungen geregelt werden.

Der Gemeindevorstand (Steuerausschuß) kann, soweit er nicht auf anderem Wege (§ 62) zur Kenntnis der für die Veranlagung maßgebenden Besteuerungsmerkmale gelangt ist, ermächtigt werden, von den Steuerpflichtigen hierüber binnen einer angemessenen Frist Auskunft zu erfordern. Die Aufforderung muß in jedem einzelnen Falle durch eine besondere, dem Steuerpflichtigen zuzustellende Zuschrift erfolgen.

Die Verpflichtung zur Auskunftserteilung erstreckt sich nur auf die Beantwortung der bei der Aufforderung gestellten Fragen über bestimmte Tatsachen. Soweit es sich um Schätzungen handelt, ist der Steuerpflichtige eine Erklärung abzugeben berechtigt, aber nicht verpflichtet.

Wird die Auskunftserteilung beanstandet, so sind dem

Steuerpflichtigen vor der Veranlagung die Gründe der Beanstandung mit dem Anheimstellen mitzuteilen, hierüber binnen einer angemessenen Frist eine weitere Erklärung abzugeben.

Die im vorstehenden wegen der Steuerpflichtigen getroffenen Bestimmungen finden auf Bevollmächtigte und gesetzliche Vertreter der Steuerpflichtigen sinngemäße Anwendung."

Nach § 68 KomAbgGes. kann in „den Steuerordnungen" die Erteilung von Auskünften für zulässig erklärt werden. Steuerordnungen sind nur zulässig für indirekte Steuern (Umsatz-, Hunde-, Schankstättensteuer) und für die Grundwertsteuer. Also ist auch hinsichtlich dieser Steuern ein Fragerecht gestattet.

§ 17. In den Steuerordnungen[1] der Kreise können Strafen gegen Zuwiderhandlungen bis zur Höhe von 30 Mark angedroht werden.

Die Strafen sind durch den Kreisausschuß festzusetzen[2] und nach eingetretener Rechtskraft (§ 459 der Strafprozeßordnung) im Verwaltungszwangsverfahren beizutreiben.[3]

1. Vgl. Anm. 2 zu § 16.

2. Durch Strafbescheid.

§§ 459, 460 StrafProzOrdnung lauten:

„§ 459. Strafbescheide der Verwaltungsbehörden wegen Zuwiderhandlungen gegen die Vorschriften über die Erhebung öffentlicher Abgaben und Gefälle dürfen nur Geldstrafen sowie eine etwa verwirkte Erziehung festsetzen.

Der Strafbescheid muß außerdem die strafbare Handlung, das angewendete Strafgesetz und die Beweismittel bezeichnen, auch die Eröffnung enthalten, daß der Beschuldigte, sofern er nicht eine nach den Gesetzen zugelassene Beschwerde an die höhere Verwaltungsbehörde ergreife, gegen den Strafbescheid binnen einer Woche nach der Bekanntmachung bei der Verwaltungsbehörde, welche denselben erlassen, oder bei derjenigen, welche ihn bekannt gemacht hat, auf gerichtliche Entscheidung antragen kann.

Der Strafbescheid wirkt in betreff der Unterbrechung der Verjährung wie eine richterliche Handlung.

§ 460. Wird auf gerichtliche Entscheidung angetragen, so übersendet die Verwaltungsbehörde, falls sie nicht den Strafbescheid zurücknimmt, die Akten an die zuständige Staatsanwaltschaft, welche sie dem Gerichte vorlegt."

8. Ist die Geldstrafe nicht beitreibbar, so ist das zuständige Amtsgericht um Umwandelung der Geldstrafe in eine Freiheitsstrafe zu ersuchen (vgl. § 463 Strafprozeßordnung).

§ 18. Das Rechnungsjahr für den Kreishaushalt beginnt mit dem 1. April und endigt mit dem 31. März.

§ 19. Beschlüsse des Kreistags, welche folgende Angelegenheiten betreffen:

1. die Erhebung von Beiträgen (§ 5),
2. den Erlaß oder die Abänderung von Steuerordnungen über indirekte Kreissteuern (§ 6),
3. die Heranziehung der einzelnen Steuerarten zu den direkten Kreissteuern mit verschiedenen Prozentsätzen und die Vornahme einer Revision des Verteilungsmaßstabs vor Ablauf eines fünfjährigen Zeitraums (§ 9 Abs. 2 und 3),
4. die ausschließliche Belastung und die Mehr- oder Minderbelastung einzelner Kreisteile (§ 10),
5. die Erhebung direkter Kreissteuern in einem

Betrage, welcher 50 Prozent des gemäß § 7 ihnen zu Grunde zu legenden Steuersolls übersteigt,

6. den Erlaß oder die Abänderung einer Steuerordnung über eine Steuer vom Grundbesitze nach dem Veranlagungsmaßstabe des Wertes (§ 8),

bedürfen der Genehmigung des Bezirksausschusses. Die Genehmigung oder Versagung darf nur mit Zustimmung des Kollegiums ausgesprochen werden.[1]

Gegen den auf Beschwerde ergehenden Beschluß des Provinzialrats steht dem Vorsitzenden aus Gründen des öffentlichen Interesses die Einlegung der weiteren Beschwerde an den Minister des Innern und den Finanzminister zu. Hierbei finden die Bestimmungen des § 123 des Gesetzes über die Allgemeine Landesverwaltung vom 30. Juli 1883 (Gesetz-Samml. S. 195) Anwendung.

1. § 117 Abs. 2 LandesverwGes. findet also keine Anwendung.

§ 20. Die Genehmigung der unter Ziffer 2 und 6 des § 19 bezeichneten Kreistagsbeschlüsse bedarf der Zustimmung des Ministers des Innern und des Finanzministers. Die Erteilung der Genehmigung oder Zustimmung kann in den Fällen dieser Ziffern auf eine bestimmte Frist beschränkt werden.

Die Minister können die Erteilung der Zustimmung auf die Oberpräsidenten übertragen.

Abschnitt 2.

Provinzialabgaben (Bezirksabgaben).

§ 21. Die Provinzen (Bezirksverbände) sind berechtigt, zur Deckung ihrer Ausgaben nach den Bestimmungen dieses Gesetzes Gebühren, Beiträge und direkte Steuern[1] zu erheben.

Hinsichtlich der Chausseegelder und anderen Verkehrsabgaben bewendet es bei den bestehenden Bestimmungen.

1. Also keine indirekten Steuern.

§ 22. Die Provinzen (Bezirksverbände) dürfen von der Befugnis, Steuern zu erheben, nur insoweit Gebrauch machen, als die sonstigen Einnahmen, insbesondere aus dem Provinzial-(Bezirksverbands-) Vermögen, aus Gebühren, Beiträgen und aus den ihnen vom Staate überwiesenen Mitteln zur Deckung ihrer Ausgaben nicht ausreichen.

Vgl. Anm. zu § 2.

§ 23. Gewerbliche Unternehmungen der Provinzen (Bezirksverbände) sind grundsätzlich so zu verwalten, daß durch die Einnahmen mindestens die gesamten, durch die Unternehmung der Provinz (dem Bezirksverband) erwachsenden Ausgaben, einschließlich der Verzinsung und der Tilgung des Anlagekapitals, aufgebracht werden.

Eine Ausnahme ist zulässig, sofern die Unternehmung zugleich einem öffentlichen Interesse dient, welches andernfalls nicht befriedigt wird.

Vgl. Anm. zu § 3.

§ 24. Der Provinziallandtag (Kommunallandtag) kann die Erhebung von Gebühren und Beiträgen beschließen, auch deren Festsetzung auf den Provinzial-(Landes-)Ausschuß übertragen.

Auf die Gebühren und Beiträge finden die §§ 4 und 5 dieses Gesetzes entsprechende Anwendung.

Die Ausdehnung des Gebühren- und Beitragsrechtes auf die Provinzialverbände entspricht im Hinblick auf die ihnen obliegende Unterhaltung von Irren-, Taubstummen-, Blindenanstalten, von Bibliotheken und Museen, sowie auf die von ihnen ausgehenden oder geförderten Meliorationsunternehmungen einem praktischen Bedürfnisse, welches bisher mit Hilfe rein privatrechtlicher Gebühren nur unvollkommen befriedigt werden konnte. Der Begriffe der Veranstaltungen begreift nicht allein die von der Provinz selbst ins Leben gerufenen, sondern auch diejenigen Unternehmungen, an denen sie nur finanziell beteiligt ist (Begr.).

§ 25. Zur Aufbringung der Provinzial-(Bezirks-)Steuern sind die einzelnen Land- und Stadtkreise verpflichtet.

Als Maßstab der Verteilung der Provinzial-(Bezirks-)Steuern auf diese Verbände dient das

Soll der Einkommensteuer und der vom Staate veranlagten Realsteuern, einschließlich der Betriebssteuer, wie es in Landkreisen nach den Vorschriften dieses Gesetzes, mit Ausschluß des § 8, und in Stadtkreisen nach dem Kommunalabgabengesetze, nach Gemeindebeschlüssen und Vereinbarungen mit Steuerpflichtigen der Kreis- beziehungsweise Gemeindebesteuerung zu Grunde zu legen ist.[1]

Der Einkommensteuer sind die auf Einkommen von nicht mehr als 900 Mark entfallenden Steuerbeträge (§ 38 Abs. 1 des Kommunalabgabengesetzes) hinzuzuzählen; indessen kann der Provinzial-(Kommunal-)Landtag beschließen, diese Steuerbeträge insgesamt oder teilweise freizulassen oder mit einem geringeren Prozentsatz als die Einkommensteuer heranzuziehen.

Maßgebend für die Verteilung ist in den Landkreisen das der Kreisbesteuerung des jeweilig laufenden Rechnungsjahrs gemäß § 7 Abs. 5 zu Grunde gelegte Steuersoll,[2] in den Stadtkreisen das Steuersoll des jeweilig vorangegangenen Rechnungsjahrs nach dem Stande des 1. Januar und zwar unter Berücksichtigung der bis zu diesem Zeitpunkt endgültig eingetretenen Berichtigungen und Veränderungen sowie mit der Maßgabe, welche aus dem Schlußsatze des Absatzes 5 a. a. O. folgt.

1. § 25 regelt das Steuerrecht der Provinzen im genauen Anschlusse an die Vorschriften über das direkte Kreissteuerrecht. Daß im Falle der Einführung einer

Grundwertsteuer in einem Kreise (§ 8) nicht das Ergebnis ihrer Veranlagung, sondern dasjenige der staatlichen Grund- und Gebäudesteuerveranlagung für die Verteilung der Provinzialsteuern maßgebend sein muß, ist durch die Notwendigkeit gleichmäßiger Behandlung aller Kreise der Provinz erfordert. Dank der im Gesetze durchgeführten Kongruenz des direkten Gemeinde- und Kreissteuerrechtes werden die Verschiedenheiten, welche nach bisherigem Rechte in der Berechnung des Steuersolls der Landkreise einerseits und der Stadtkreise anderseits obwalteten, für die Zukunft ausgeglichen.

Wenn Abs. 4 des § 25 hinsichtlich des für die Provinzialsteuerverteilung maßgebenden Steuersolls einen Unterschied zwischen Land- und Stadtkreisen macht, so ist dies doch nur ein scheinbarer. Denn die für die Kreisbesteuerung eines Rechnungsjahres gemäß § 7 Abs. 5 des Entwurfes das Grundsteuersoll des vorangegangenen Rechnungsjahres nach dem Stande des 1. Januar maßgebend ist, so muß, wenn Land- und Stadtkreise gleichmäßig behandelt werden sollen, der Provinzialbesteuerung eines Rechnungsjahres in Landkreisen das für die Kreisbesteuerung dieses Jahres maßgebende, für die Stadtkreise das vorjährige Steuersoll nach dem Stande vom 1. Januar zugrunde gelegt worden (Begr.).

2. Die besondere Kreissteuer der Standesherren und des Ansiedelungsfiskus wird dem der Provinzialbesteuerung zugrunde zu legenden Steuersolle nicht mit hinzugerechnet. Die besondere Steuer der Standesherren usw. ist nur für die Kreisbesteuerung konstruiert worden, es sollten dadurch nur die Kreise nicht geschädigt werden. Von den Provinzen war bei der Beratung keine Rede. § 25 Abs. 3 spricht nur von dem Steuersoll gemäß § 7 Abs. 5, wozu die besondere Kreissteuer nicht gehört. Abs. 2 des § 25 läßt diese Auffassung allerdings wieder zweifelhaft erscheinen.

§ 26. Die Realsteuern sind mit dem gleichen Prozentsatz heranzuziehen, mit welchem die Einkommensteuer belastet wird.

§ 27. Handelt es sich um Veranstaltungen des Provinzial- (Bezirks-) Verbandes, welche ausschließlich oder in besonders hervorragendem oder geringem Maße einzelnen Kreisen zustatten kommen, so kann der Provinzial-(Kommunal-)Landtag eine ausschließliche Belastung oder eine nach Umfang und Maßstab näher zu bestimmende Mehr- oder Minderbelastung dieser Kreise beschließen. Die Bestimmung im § 5 Abs. 2 findet entsprechende Anwendung.

Vgl. Anm. zu § 10.

§ 28. Der vom Provinzial-(Kommunal-)Landtage festgestellte Steuerbedarf wird vom Provinzial-(Landes-)Ausschuß auf die Land- und Stadtkreise verteilt. Die Zahlung an die Provinzial- (Bezirks-, Landes-)Hauptkasse hat zu den von dem Provinzial-(Landes-)Ausschusse zu bestimmenden Terminen[1] zu erfolgen.

Die Höhe des Steuerbedarfs, die Verteilung auf die Kreise und die für die Zahlung bestimmten Termine sind durch die Amtsblätter der Provinz (der Regierungsbezirke) öffentlich bekannt zu machen.

Gegen die Verteilung der Provinzial- (Bezirks-) Steuern steht den Land- und Stadtkreisen binnen einer Frist von vier Wochen[2] der Einspruch zu, über welchen der Provinzial=(Landes=)Ausschuß beschließt.

Gegen den Beschluß des Provinzial=(Landes=)Ausschusses findet innerhalb einer Frist von zwei Wochen die Klage bei dem Oberverwaltungsgerichte statt.

Durch Einspruch und Klage wird die Verpflichtung zur Zahlung der Provinzial=(Bezirks=)Steuern nicht aufgeschoben.

1. Vgl. Anm. 2 zu § 11.
2. Vgl. Anm. 3 zu § 11.

§ 29. Die Land= und Stadtkreise haben den auf sie entfallenden Teil des Provinzial=(Bezirks=) Steuerbedarfs gleich den übrigen Kreis= beziehungsweise Gemeindeausgaben aufzubringen.

§ 30. Für die Aufbringung von Provinzialsteuern in der Provinz Hessen=Nassau gelten folgende Bestimmungen:

1. Als Maßstab der Verteilung der Provinzialsteuern auf die Bezirksverbände dient das Soll der Einkommensteuer und der vom Staate veranlagten Realsteuern, einschließlich der Betriebssteuer, wie es nach den Vorschriften dieses Gesetzes der Bezirksbesteuerung des laufenden Rechnungsjahrs zu Grunde zu legen ist. Dabei finden die § 25 Abs. 3 und § 26 Anwendung.
2. Die ausschließliche Belastung und die Mehr-

und Minderbelastung eines der beiden Bezirksverbände ist ausgeschlossen.

3. Der Provinzialsteuerbedarf wird vom Provinzialausschuß auf die Bezirksverbände verteilt. Die Zahlung an die Provinzialhauptkasse hat zu den von dem Provinzialausschusse zu bestimmenden Terminen zu erfolgen.

4. Gegen die Verteilung der Provinzialsteuern steht den Bezirksverbänden Einspruch und Klage nach näherer Bestimmung des § 28 Abs. 3 bis 5 zu.

5. Die Bezirksverbände haben den auf sie entfallenden Teil des Provinzialsteuerbedarfs gleich ihren übrigen Ausgaben aufzubringen.

§ 31. Gegen die Heranziehung (Veranlagung) zu Provinzial-(Bezirks-)Gebühren und -Beiträgen steht den Pflichtigen binnen einer Frist von vier Wochen der Einspruch zu, über welchen der Provinzial-(Landes-)Ausschuß beschließt. Im übrigen findet § 28 Abs. 4 und 5 entsprechende Anwendung.

Für die Nachforderung, Verjährung und Beitreibung der Gebühren und Beiträge sind die §§ 87, 88 und 90 des Kommunalabgabengesetzes maßgebend.

§ 32. Das Rechnungsjahr für den Haushalt des Provinzial-(Bezirks-)Verbandes beginnt mit dem 1. April und endigt mit dem 31. März.

Hat für den Haushaltsetat des Hohenzollernschen Landeskommunalverbandes, welcher noch heute nach dem Kalenderjahre aufgestellt wird, praktische Bedeutung.

§ 33. Beschlüsse des Provinzial=(Kommunal=) Landtags beziehungsweise des Provinzial=(Landes=) Ausschusses (§ 24 Abs. 1), welche folgende Angelegenheiten betreffen:

1. die Festsetzung von Beiträgen (§ 24),
2. die ausschließliche Belastung und die Mehr= oder Minderbelastung einzelner Kreise (§ 27),
3. die Erhebung von Provinzial=(Bezirks=) Steuern in einem Betrage, welcher 25 Prozent des gemäß § 25 ihnen zu Grunde zu legenden Steuersolls übersteigt,

bedürfen der Genehmigung, und zwar in den Fällen zu 1 und 2 des Ministers des Innern, in den Fällen zu 3 des Ministers des Innern und des Finanzministers.

Schluß- und Übergangsbestimmungen.

§ 34. Die Vorschriften dieses Gesetzes finden auf die Amts= und Landeskommunalabgaben in den Hohenzollernschen Landen mit der Maßgabe entsprechende Anwendung, daß

1. die Gefällsteuer den Grund= und Gebäudesteuern gleichgestellt wird,
2. die für die Hohenzollernschen Lande geltenden besonderen wegerechtlichen Bestimmungen durch § 27 nicht berührt werden,
3. der § 20 Abs. 2 außer Betracht bleibt.

Ziff. 1 dieses Paragraphen erklärt sich durch die Vorschrift von § 100 der Hohenzollernschen Gemeindeordnung vom 2. Juli 1900 (GesS. S. 189), Ziff. 2 durch das Gesetz, betreffend Teilnahme an den Kosten des Baues und der Unterhaltung der Landstraßen in den Hohenzollernschen Landen vom 5. Januar 1878 (GesS. S. 5), zu Ziff. 3 endlich durch § 5 des Gesetzes über die allgemeine Landesverwaltung (Begr.).

§ 35. Diejenigen Bestimmungen des Gesetzes, welche die Einführung von Gebühren, Beiträgen und indirekten Steuern in den Kreisen treffen, treten mit dem Tage der Verkündigung, die übrigen am 1. April 1907 in Kraft.

§ 36. Der erstmaligen Verteilung der direkten Kreissteuern ist in den Fällen des § 7 Abs. 4 und des § 13 das für das Rechnungsjahr 1907 festgestellte Veranlagungssoll zu Grunde zu legen.

Die Bestimmung ist die tatsächliche Voraussetzung für die Ausführung des § 7. Das der erstmaligen Kreissteuerverteilung zugrunde zu legende Soll wird in den Fällen des § 7 Abs. 4 und § 13 das unberichtigte Veranlagungssoll sein müssen. Die Berichtigungen und Veränderungen dieses Solls werden im zweiten Geltungsjahre des Gesetzes im Rahmen des § 7 Abs. 5 zur Berücksichtigung gelangen (Begr.).

§ 37. Der Minister des Innern und der Finanzminister sind mit der Ausführung dieses Gesetzes beauftragt.

Urkundlich usw.

Anweisung

zur Ausführung des Kreis- und Provinzialabgabengesetzes vom 23. April 1906 (Gesetz-Samml. S. 159).

(Minist.-Bl. f. d. i. V. v. 1906 S. 277 ff.)

I. Allgemeine Bemerkungen.

1. Das Gesetz bezweckt eine erschöpfende Neuregelung des Kreis- und des Provinzialabgabenrechts, wie es bisher in den folgenden gesetzlichen Bestimmungen zerstreut gelegen hat:

in der Kreisordnung für die östlichen Provinzen (außer Posen) vom $\frac{\text{13. Dezember 1872}}{\text{19. März 1881}}$, §§ 9—19,

in der Kreisordnung für die Provinz Hannover, vom 6. Mai 1884,

in der Kreisordnung für die Provinz Hessen-Nassau, vom 7. Juni 1885,

in der Kreisordnung für die Provinz Westfalen, vom 31. Juli 1886,

in der Kreisordnung für die Rheinprovinz, vom 30. Mai 1887,

in der Kreisordnung für die Provinz Schleswig-Holstein, vom 26. Mai 1888,

in dem Gesetze über die allgemeine Landesverwaltung und die Zuständigkeit u. s. f. in der Provinz Posen, vom 19. Mai 1889, Art. V B 3 bis 5, A 6,

in der Hohenzollernschen Amts- und Landesordnung vom $\frac{\text{2. April 1873}}{\text{2. Juni 1900}}$, §§ 7—10, 51—58,

in dem Einkommensteuergesetze vom 24. Juni 1891, §§ 74, 75,
in dem Gesetze wegen Aufhebung direkter Staatssteuern vom 14. Juli 1893, §§ 3 ff.,
in dem Kommunalabgabengesetze vom 14. Juli 1893, §§ 91—93,
in dem Gesetze, betreffend die Heranziehung zu den Kreisabgaben, vom 1. April 1902,
in dem Zuständigkeitsgesetze, vom 1. August 1883, §§ 1, 8,
in der Provinzialordnung für die östlichen Provinzen, vom $\frac{\text{29. Juni 1875}}{\text{22. März 1881}}$, §§ 7, 105—113 sowie in den entsprechenden Paragraphen der übrigen Provinzialordnungen.

2. Die Neuregelung des Kreis- und Provinzialabgabenrechts erfolgt in engem Anschluß an das Gemeindeabgabenrecht, wie es im Kommunalabgabengesetze niedergelegt ist. Sie führt also eine Vereinheitlichung des Abgabenrechts in den engeren und weiteren Kommunalverbänden: Gemeinde, Kreis und Provinz (Bezirksverband) herbei, indessen mit der Maßgabe, daß das Recht zur Erhebung der Gebühren, Beiträge, indirekten Steuern sowie zur Einführung besonderer direkter Steuern in den Kreisen wesentlich beschränkter als in den Gemeinden ist, und daß diese Berechtigungen auf die Provinzen nur hinsichtlich der Gebühren und Beiträge ausgedehnt sind.

3. Was zunächst die Kreise betrifft, so werden sich in der praktischen Durchführung des Gesetzes als die wichtigsten Neuerungen gegenüber dem bisherigen Rechtszustande geltend machen:

---

[1]) Jetzt Fassung vom 19. Juni 1906 (GesS. S. 260) §§ 79, 80.

a) die Möglichkeit, Gebühren und Beiträge als Entgelte für besondere Leistungen der Kreiskommunalverbände einzuführen,

b) die Berechtigung — außer der Hundesteuer —, indirekte Steuern, und zwar von dem Erwerb von Grundstücken und von der Konzessionserteilung für Gast- und Schankwirtschaften zu erheben —,

c) die Ersetzung der Individualveranlagung durch die Kontingentierung im Gebiete der direkten Kreisbesteuerung; die Verteilung der direkten Kreissteuern auf Gemeinden und Gutsbezirke nach dem in Gemäßheit des Kommunalabgabengesetzes umlagefähigen Steuersoll des Vorjahres; die Ersatzveranlagung im Gutsbezirke und in umlagefreien Gemeinden durch den Kreisausschuß auf der Grundlage des Kommunalabgabengesetzes, im Gutsbezirke auch für die Zwecke der Unterverteilung des Kreissteuerkontingents; die besondere Heranziehung gewisser Steuerpflichtiger neben Gemeinden und Gutsbezirken, —

d) der Ausgleich von Schädigungen, welche Gemeinden oder Gutsbezirke durch erheblichere Steuerabgänge oder durch das Beamtenprivileg bei Aufbringung des Kreissteuerkontingents erfahren würden, durch Erstattungen des Kreises,

e) die Möglichkeit der Einführung einer Grundwertsteuer im Kreise zur angemesseneren Oberverteilung des Kreissteuerbedarfs, soweit er nach der Grund- und Gebäudesteuer umgelegt werden soll,

f) die unbeschränkte Zulassung von Ausnahmen von der Regel der gleichmäßigen prozentualen Heranziehung der Einkommensteuer und der Realsteuern bei der Umlegung des Kreissteuerbedarfs.

g) die Beschränkung des Einspruchs- und Klagerechts gegen direkte Kreissteuern — abgesehen von der Heranziehung der Einzelsteuerpflichtigen in den Gutsbezirken — auf Gemeinden und Gusbezirke als solche,

h) der Übergang der Zuständigkeit zur Genehmigung einer Mehr- oder Minderbelastung einzelner Kreisteile sowie einer Erhebung von mehr als 50% des zugrundegelegten Steuersolls als direkter Kreissteuern von den Ministern auf den Bezirksausschuß.

4. Die wesentlichsten Neuerungen auf dem Gebiete des Provinzialabgabenrechts werden sein:

a) das Recht zur Erhebung von Gebühren und Beiträgen als Entgelten für besondere Leistungen der Provinzialverbände,
b) die Verteilung des direkten Provinzialsteuerbedarfs auf Land- und Stadtkreise nach dem in Gemäßheit des Kommunalabgabengesetzes umlagefähigen Steuersoll des Vorjahres, mithin — unter Berücksichtigung der oben zu 3c gegebenen Erläuterung — in den Landkreisen nach dem Steuersoll, welches der Kreisbesteuerung des jeweils laufenden Rechnungsjahres zugrunde gelegt ist, in den Stadtkreisen nach dem Steuersoll des jeweils vorangegangenen Rechnungsjahres,
c) die allgemeine Verlegung des Rechnungsjahres — also auch für den Hohenzollernschen Kommunalverband — auf die Zeit vom 1. April bis zum 31. März.

5. Unter „Kreisen" und „Kreisabgaben" werden durchweg „Landkreise" und „Abgaben der Landkreise" verstanden. Nur für diese Art von Kreisen ist die Neuregelung getroffen, weil in den Stadtkreisen nach dem jetzigen und für die Zukunft weiter maßgebenden Rechtszustande die Aufbringung des Steuerbedarfs nach den für die Gemeinden im Kommunalabgabengesetze gegebenen Bestimmungen stattfindet.

6. Unter den „Bezirksverbänden", „Bezirksabgaben" usf. in den Parenthesen der Bestimmungen des zweiten Abschnittes sind die Verbände und Abgaben der Bezirke

in der Provinz Hessen-Nassau verstanden. Die besonderen Bestimmungen der §§ 30 und 34 beziehen sich auf die Provinzialsteuern in der genannten Provinz und auf die Amts- und Landeskommunalabgaben in den Hohenzollernschen Landen.

II. Kreisabgaben.

A. Einleitung (§§ 1 bis 3).

1. Die §§ 1 bis 3 des Gesetzes entsprechen im allgemeinen den §§ 1 bis 3 des KomAbgGes. vom 14. Juli 1893 und werden die gleiche Auslegung wie diese zu finden haben. Daß § 1 in Zeile 1 neben den „Ausgaben" nicht noch die „Bedürfnisse" der Kreise — entsprechend dem Wortlaute des § 1 KomAbgGes. — erwähnt, hat keine materielle, sondern nur eine redaktionelle Bedeutung. Der Umstand, daß die Kreisabgaben lediglich in Geld, nicht auch, wie in den Gemeinden, in Naturaldiensten gefordert werden können — die Bestimmungen über Naturalleistungen in §§ 5 Abs. 2, 10 Abs. 1, 24 Abs. 2, 27 sehen nur eine fakultative Leistung von Diensten vor —, bedingte die Streichung der Schlußwerte des § 1 Abs. 1 KomAbgGes. bei der Herübernahme dieses Absatzes in das Kreis- und Provinzialabgabengesetz. Aus ähnlichen Gründen mußte die Ausnahmevorschrift in dem Schlußsatze des ersten Absatzes des § 2 des KomAbgGes. bei ihrer Herübernahme in Abs. 1 des § 2 des KrAbgGes. auf Hundesteuern beschränkt werden.

2. Nach § 1 Abs. 2 bewendet es hinsichtlich der Chausseegelder — einschließlich der Chausseestrafgelder — und anderen Verkehrsabgaben, der Jagdscheinabgaben sowie der Kosten im Verwaltungsstreit- und Beschlußverfahren bei den bestehenden Bestimmungen. In dieser Beziehung sei auf die Kabinettsorder vom 29. Februar 1840, GesS. S. 94, KomAbgGes. § 5, Ges. vom 31. Juli

1895, GesS. S. 304, ALVG. vom 30. Juli 1883, GesS. S. 195, §§ 102ff., 124ff. verwiesen. Ebensowenig werden die Gesetze über Kleinbahnen und Privatanschlußbahnen, vom 28. Juli 1892 (GesS. S. 225) und betreffend die Vorausleistungen zum Wegebau, vom 18. August 1902 (GesS. S. 315) sowie die Bestimmungen in §§ 10 bzw. 6 der Wegeordnungen für Sachsen, vom 11. Juli 1891 (GesS. S. 316) und für Westpreußen vom 27. September 1905 (GesS. S. 357) durch das vorliegende Gesetz berührt. Auch verbleibt es gemäß § 1 Abs. 2 bei denjenigen gesetzlichen Bestimmungen, welche über die Erträge der Wanderlagersteuer (Ges. vom 27. Februar 1880, GesS. S. 174 § 6), der Warenhaussteuer (Ges. vom 18. Juli 1900, GesS. S. 294 § 14) und der Betriebssteuer (Ges. vom 14. Juli 1893, GesS. S. 119 § 13) zugunsten der Kreise Verfügung treffen.

3. Die Bestimmung des ersten Absatzes in § 2 will die Kreise nicht hindern, Steuererträge zur Ansammlung von Fonds für bestimmte Zwecke, insbesondere auch von Betriebsfonds zu verwenden (vgl. AusfAnw. zum KAG. Art. 2 Nr. 4).

B. Gebühren und Beiträge (§§ 4 und 5).

1. Die §§ 4 und 5 sind eine freiere Nachbildung der §§ 4, 7 und 9 KomAbgGes. und werden gemäß den zu den letzteren Paragraphen gegebenen Erläuterungen der AusfAnw. vom 10. Mai 1894 (Art. 4, 5, 7) auszulegen sein, soweit nicht der veränderte Text eine Abweichung bedingt. In dieser Beziehung ist zu beachten, daß das Kreisabgabengesetz

a) die Bestimmungen der Abs. 2 bis 6 des § 4 und des Abs. 2 des § 9 KomAbgGes. über den Zwang zur Erhebung von Gebühren und Beiträgen sowie über die Gebührenbemessung nicht übernommen und

b) das Recht der Kreise auf Erhebung von Gebühren

nur in der Beschränkung auf Benutzungs-, nicht auch in betreff der Verwaltungsgebühren begründet hat.

Wenn es hiernach den Kreisen im allgemeinen, soweit nicht §§ 2 Abs. 1, 8 Abs. 1 eine Abweichung begründen, freisteht, von dem Rechte zur Erhebung von Gebühren oder Beiträgen Gebrauch zu machen oder nicht, so wird sich doch eine solche Einrichtung überall dort empfehlen, wo der Kreis zum Betriebe von Wasserleitungen, Entwässerungen, Gas-, Elektrizitätswerken, Schiffahrtsunternehmungen, Krankenhäusern, Desinfektionsanstalten, Abdeckereien, zur Einrichtung von Fach-, insbesondere land wirtschaftlichen Unterrichtsanstalten übergegangen ist. Auch wird die Einführung von Körgebühren eine geeignete Finanzierung von Kreisköreinrichtungen ermöglichen. Bei der Bemessung der Gebühren wird neben dem Zwecke der Selbstkostendeckung sozialen Rücksichten Rechnung zu tragen sein; von diesem Gesichtspunkte aus läßt § 4 Abs. 2 die Abstufung der Gebührensätze auch nach Maßgabe der Leistungsfähigkeit und bis zur gänzlichen Freilassung zu. Diese Bestimmung steht zwar nicht im Widerspruche mit § 7 KomAbgGes., welcher — nach der Begründung — ganz allgemein eine verschiedene Abstufung der Gebührensätze unter besonderer Hervorhebung der angemessenen Berücksichtigung Unbemittelter zuläßt, wohl aber mit der Rechtsprechung des Oberverwaltungsgerichts im Gebiete des Gemeindeabgabenrechts, welche nur eine Berücksichtigung Unbemittelter gestattet, im übrigen aber eine „gleichmäßige Behandlung aller derer, welche die Gemeindeanstalt benutzen, mit Rücksicht auf den Umfang der Benutzung" bei der Gebührenbemessung verlangt (vgl. Nöll-Freund, KomAbgGes., 5. Aufl., § 7 Anm. 4 S. 24) Durch das „Gesetz zur Deklarierung des KomAbgGes. vom 14. Juli 1893 (GesS. S. 152)" vom 24. Juli 1906 (GesS. S. 376) wird auch formell die Übereinstimmung des Gemeinde- und Kreisabgabenrechtes in diesem Punkte herbeigeführt.

In Fällen, in welchen ein Kreis zur Unterstützung der Baupolizeibehörden in Amtsbezirken oder Gemeinden einen Techniker anstellt, kann er zwar, wie oben zu b) bemerkt ist, für die Amtshandlungen desselben Verwaltungsgebühren nicht erheben, indessen bleibt es ihm nach wie vor unbenommen, mit den Amtsbezirken oder Gemeinden Vereinbarungen über die Besoldung des Technikers zu treffen; den Amtsbezirken (Gemeinden) bleibt dann die Erhebung von Verwaltungsgebühren für die baupolizeilichen Genehmigungen gemäß § 6 KomAbgGes. vorbehalten.

2. Unter den „Veranstaltungen" des Kreises im Sinne der §§ 4 und 5 sind nicht nur solche Einrichtungen zu verstehen, welche der Kreis ausschließlich aus eigenen Mitteln hergestellt hat und unterhält, sondern auch solche, welche er in Gemeinschaft mit anderen Unternehmern betreibt oder unterhält. Entsprechend seiner Beteiligung wird sich der Umfang seines Gebühren- und Beitragsrechtes zu bestimmen haben.

3. Die dem Gemeinde-Beitragsrechte fremde Vorschrift des § 5 Abs. 2 ist dem Schlußsatze des § 13 der KrO. vom $\frac{\text{13. Dezember 1872}}{\text{19. März 1881}}$ nachgebildet. Wie nach dieser Gesetzesbestimmung und nach der Erläuterung, welche sie in den Minist. Erlassen vom 11. August 1875 (MBl. S. 211) und vom 1. November 1879 zu A. 4 (MBl. 1880 S. 11) gefunden hat, den Kreisangehörigen mehrzubelastender Kreisteile durch Kreistagsbeschluß zwar nicht vorgeschrieben, wohl aber gestattet werden konnte, die beschlossene Mehrbelastung durch Naturalleistungen nach bestimmten, vom Kreistage festgestellten Grundsätzen aufzubringen, so soll der Kreistag den Beitragspflichtigen die Aufbringung der Beiträge durch Naturalleistungen nach Maßgabe der von ihm aufzustellenden Grundsätze gestatten können. Als derartige Naturalleistungen werden besonders Überlassungen von Grundstücken oder von Wegebaumaterialien in Betracht kommen.

4. Die Beschlußfassung über die Erhebung von Gebühren und Beiträgen ist dem Kreistage, die Genehmigung der die Beitragserhebung betreffenden Beschlüsse dem Bezirksausschusse (§ 19 Abs. 1 Ziffer 1) vorbehalten. Beschlüsse über die Erhebung von Gebühren bedürfen keiner Genehmigung. Über die Rechtsmittel gegen die Heranziehung zu Gebühren und Beiträgen, über die Nachforderung, Verjährung und Beitreibung dieser Kreisabgaben sowie über die Hilfe der Gemeinden und Gutsbezirke bei ihrer Veranlagung und Erhebung trifft § 16 Bestimmung.

C. Indirekte Kreissteuern. (§ 6.)

1. Das Recht der Kreise auf Einführung indirekter Steuern ist — im Gegensatze zu der umfassenden Berechtigung der Gemeinden nach § 13 KomAbgGes. — durch § 6 des vorliegenden Gesetzes auf die dort bezeichneten drei Gegenstände beschränkt. Das im Abs. 8 daselbst ausgesprochene Prinzip unbeschränkter Konkurrenz der indirekten Steuerberechtigung im Verhältnisse von Kreis und Gemeinde ist dem geltenden Rechte (§ 98 Abs. 8 KomAbgGes.) entnommen. Um aus diesem Nebeneinanderbestehen indirekter Steuern des Kreises und der Gemeinde keine Überlastung der Angehörigen einer Gemeinde entstehen zu lassen, ermöglicht § 6 Abs. 2 eine Abstufung der Kreissteuersätze nach Gemeinden. Es bleibt hiernach den Kreistagen, die über die Einführung der indirekten Steuern Beschluß zu fassen haben, überlassen, die Steuersätze in einzelnen Gemeinden mit Rücksicht auf bereits daselbst bestehende Gemeindesteuern gleicher Art niedriger als in den anderen Gemeinden (Gutsbezirken) des Kreises zu bemessen. *Eine völlige Befreiung einzelner Kreisteile von dem Geltungsbereich einer indirekten Kreissteuer ist indessen vom Gesetze nicht zugelassen.* Übrigens ist die in Abs. 2 vorgesehene Abstufung der Steuersätze ebensowohl sachlich

wie örtlich zugelassen; eine sachliche Abstufung kann sich z. B. bei der Umsatzsteuer in der Richtung einer Differenzierung der Sätze nach Art der Erwerbsgeschäfte, nach Höhe des Gewinns bei dem Verkaufe usf., bei der Konzessionssteuer in der Richtung einer verschiedenartigen Bemessung nach Art der Konzessionserteilungen (erstmaligen Konzessionen und Übertragungen bestehender Wirtschaften usf.) empfehlen. Auch sachliche und persönliche Befreiungen können in den Steuerordnungen Aufnahme finden.

Die Einführung indirekter Steuern erfolgt durch Steuerordnungen, die der Kreistag erläßt; eine Übertragung dieser Zuständigkeit auf den Kreisausschuß würde unzulässig sein. Die Steuerordnungen bedürfen der Genehmigung des Bezirksausschusses und der Zustimmung der Minister (§§ 19 Ziffer 2, 20). Nach feststehender Rechtsprechung des Oberverwaltungsgerichts im Gebiete des Gemeindeabgabenrechts können Steuerordnungen über indirekte Steuern sich nicht rückwirkende Kraft beilegen, vielmehr erst nach erteilter Zustimmung durch die Minister in Kraft treten. Die Steuerordnungen werden im Kreisblatte zu veröffentlichen sein; indessen ist diese Veröffentlichung kein gesetzliches Erfordernis der Gültigkeit der Steuerordnungen. Die Veranlagung der Steuer erfolgt durch den Kreisausschuß. Auf die Rechtsmittel gegen Heranziehung zu indirekten Kreissteuern, auf die Nachforderung, Verjährung und Beitreibung dieser Abgaben, sowie auf die Mitwirkung der Gemeinden und Gutsbezirke und endlich auf die Strafen beziehen sich §§ 16 und 17.

2. Als ersten Gegenstand des Rechts der Kreise zur Erhebung indirekter Kreissteuern bezeichnet § 6 den „Erwerb von Grundstücken und von Rechten, für welche die auf Grundstücke bezüglichen Vorschriften gelten". Die Einführung einer derartigen Steuer, einer sogenannten „Umsatzsteuer" wird sich

namentlich in Kreisen mit lebhafter industrieller Entwickelung oder starker Dismembrationstätigkeit, in Vorortkreisen oder dort empfehlen, wo die Wirksamkeit der Kreise auf dem Gebiete des Wegebaus steigende Grundwerte geschaffen hat. Als weitere Voraussetzung für die zweckmäßige Einführung dieser Steuer erscheint das Bedürfnis nach einer Entlastung der Kreisangehörigen von hohen direkten Kreissteuern. Die Veranlagung der Umsatzsteuer kann sowohl nach dem Maßstabe des gemeinen Werts als auch nach demjenigen des Konjunkturgewinns, des Wertzuwachses erfolgen; auch eine Verbindung beider Maßstäbe erscheint nicht ausgeschlossen. Im Anhange zu dieser Ausführungsanweisung ist eine dem Ministerialerlasse vom 7. Juli 1896 $\frac{\text{IV b 1350 2. Ang. M. d. J.}}{\text{III 10271 FM.}}$ entsprechende Mustersteuerordnung (Anlage a) für eine nach dem Veranlagungsmaßstabe des gemeinen Wertes zu erhebende Umsatzsteuer beigefügt. Im einzelnen ist zu bemerken:

a) Neben dem Erwerbe von Grundstücken — und zwar bebauten und unbebauten — kann auch der Erwerb von Rechten, für welche die auf Grundstücke bezüglichen Vorschriften gelten, mit der Steuer belegt werden. Unter solchen Rechten sind besonders das Bergwerkseigentum (Art. 37 I AusfGes. z. BGB. vom 20. September 1899, GesS. S. 177) und das Erbbaurecht (§ 1017 BGB.) zu verstehen.

b) Nur der abgeleitete Erwerb, also z. B. nicht die Verleihung eines Bergwerkseigentums, kann besteuert werden.

c) Nach ausdrücklicher Gesetzvorschrift ist der Erwerb durch Erbgang (einschließlich des Vermächtnisses) — welchem nach dem Reichs-Erbschaftssteuergesetze vom 3. Juni 1906 (RGBl. S. 654) der Erwerb auf Grund einer Schenkung unter Lebenden im Sinne dieses Reichsgesetzes gleichzustellen ist (§ 60) —, ferner der Erwerb durch Enteignung (einschließlich derjenigen im Enteignungsverfahren erfolgenden freiwilligen Besitzveränderung, welche gemäß § 4 Abs. 1 lit. e des Stempelsteuergesetzes vom 31. Juli 1895, GesS. S. 413, einer durch Enteignungsbeschluß bewirkten Veränderung gleichgestellt ist) und durch Übergabevertrag zwischen Verwandten auf- und absteigender Linie von der Steuer frei zu lassen.

d) Nach der Begründung zu § 6 (Drucks. des AbgH. 1905/06 Nr. 10 S. 15) ist unter „Erwerb" von Grundstücken die Errichtung von Familienfideikommissen nicht zu verstehen.

e) Anderseits würde es keinem Bedenken unterliegen, einzelne Erwerbsfälle, z. B. solche, die auf einer Güterschlächterei beruhen, schärfer als andere zu treffen; nur müßte durch die Formulierung einer solchen Bestimmung Sorge getragen werden, daß unter jene Erwerbsarten nicht auch solche fallen könnten, welche wirtschaftlich berechtigten Zwecken dienen sollen.

3. Als weitere indirekte Steuer kommt nach § 6 Abs. 1 Nr. 2 eine solche auf die Erlangung der Erlaubnis zum ständigen Betriebe der Gastwirtschaft, Schankwirtschaft oder des Kleinhandels mit Branntwein oder Spiritus (§ 33 der Reichsgewerbeordnung) in Betracht. Der Gegenstand dieser Steuer deckt sich — abgesehen von dem Momente der Ständigkeit — mit der in § 33 Reichsgewerbeordnung gegebenen Vorschrift über das Erfordernis einer Konzessionierung und mit dem Gegenstande der Betriebssteuer (§ 59 GewSteuerGes. vom 24. Juni 1891). Durch die Hinzufügung der Voraussetzung der „Ständigkeit" nach dem Vorgange der Tarifstelle 22c Abs. 3 des Stempelsteuergesetzes vom 31. Juli 1895 werden Fälle vorübergehender, d. h. von vornherein auf eine kurze Dauer bemessener Gewerbebetriebe von der Steuerpflicht ausgeschlossen. Hierher gehören namentlich die Fälle der im § 61 des Gewerbesteuergesetzes bezeichneten Art. Im übrigen ergibt sich aus dem Zusammenhange der Steuerquelle des § 6

Ziffer 2 mit den oben angezogenen reichs- und landesgesetzlichen Bestimmungen, daß unter die Gegenstände der Steuerpflicht nur der gewerbsmäßige Betrieb der Gast- und Schankwirtschaft und der Kleinhandel mit Branntwein und Spiritus fällt. Der Kleinhandel mit Bier ohne gleichzeitigen Betrieb der Schankwirtschaft ist, weil nicht konzessionspflichtig, auch kein Gegenstand der Konzessionssteuer des § 6.

Für die Einführung und Bemessung der Steuer wird in erster Linie der Gesichtspunkt maßgebend sein müssen, daß an dem durch die Erlaubniserteilung für den Betriebsunternehmer geschaffenen Vermögensvorteile, wie er namentlich durch die Bestimmungen über die Prüfung eines Bedürfnisses bei neuen Wirtschaftsanlagen und damit über die Fernhaltung der Konkurrenz bedingt wird, das Kreisganze in gewissem Umfange beteiligt wird. Auch wird es angemessen sein, die Steuersätze derart zu differenzieren, daß für die Neubegründung von Wirtschaften eine höhere Abgabe als für die Übernahme und Erweiterung bestehender zu zahlen ist. Die Steuersätze dürfen indessen nicht eine solche Höhe erreichen, daß der Gewerbebetrieb für die in Betracht kommenden Bevölkerungsschichten unmöglich oder daß eine solide Geschäftsführung gefährdet wird. In dieser Beziehung wird mit der Gefahr zu rechnen sein, daß der Wirt im Interesse einer angemessenen Verzinsung des durch eine hohe Konzessionssteuer übermäßig angewachsenen Anlagekapitals leicht zu bedenklichen Anlockungsmitteln getrieben werden kann. Anderseits wird auf diesem Gebiete den segensreichen Bestrebungen auf Einschränkung des Alkoholkonsums dadurch Rechnung zu tragen sein, daß die Erlangung der Erlaubnis zum Ausschank alkoholfreier Getränke und die Begründung und Übernahme von Schankwirtschaften für Rechnung von Kommunalverbänden und gemeinnützigen Gesellschaften vom Kreisausschusse steuerfrei gelassen werden kann.

Was den zweckmäßigsten Veranlagungsmaßstab für die hier in Frage stehende Steuer betrifft, so kann es sich nicht empfehlen, grundsätzlich den vermutlichen Jahresertrag oder den nach diesem Ertrage zu berechnenden Kapitalwert des Gewerbeunternehmens der Steuer zugrunde zu legen; denn besonders bei Neubegründung von Schankstätten wird der Jahresertrag sich nicht mit solcher Zuverlässigkeit schätzen lassen, daß er als Grundlage einer einmaligen Steuer dienen könnte. Vielmehr wird es sich nach dem Vorgange der Tarifstelle 22c Abs. 3, 5 des Stempelsteuergesetzes und des § 60 des Gewerbesteuergesetzes empfehlen, je nach der Zuweisung des Betriebes zu einer oder keiner der vier Gewerbesteuerklassen feste Steuersätze vorzuschreiben. Für die Fälle der Übernahme und der Erweiterung bestehender Wirtschaften wird ein zu bestimmender Bruchteil dieser Sätze festzustellen sein. Von diesen Gesichtspunkten aus ist eine Mustersteuerordnung aufgestellt und dieser Anweisung beigefügt worden (Anlage b).

Die Konzessionssteuer unterliegt zwar wie jede andere Kreisabgabe der zwangsweisen Beitreibung (§ 16 des Ges.); indessen findet zur weiteren Sicherung des Steuereinganges der in § 63 Abs. 4 des Gewerbesteuergesetzes für den Fall des Rückstandes bei Betriebssteuern aufgenommene Grundsatz der „Gewerbelegung" mangels gesetzlicher Grundlage keine Anwendung.

4. § 6 Abs. 1 Ziffer 3 übernimmt als dritte Art der indirekten Kreissteuer aus dem bestehenden Rechte — § 93 KomAbgGes. — die Hundesteuer mit der Maßgabe, daß der bisherige Höchstsatz von 5 Mk. in Wegfall kommt. In neu zu erlassenden Steuerordnungen und in Nachträgen zu bestehenden Ordnungen soll als Befreiungsvorschrift eine Bestimmung etwa folgenden Inhalts Aufnahme finden:

„Von der Steuer sind befreit die in § 40 Abs. 1 Nr. 2 und 3 des KomAbgGes. vom 14. Juli 1893 aufgeführten Personen, wenn in dem fremden Staate die Gegenseitigkeit gewährt wird."

Sofern der Kreis nicht zu einer Erhöhung der Hundesteuer übergehen will, ist durch das Kreis- und Provinzialabgabengesetz eine Notwendigkeit zum Neuerlaß oder zur Abänderung einer Hundesteuerordnung nicht begründet worden.

D. Direkte Kreissteuern. (§§ 7 ff.)

1. Die grundlegende Änderung des bestehenden Rechtszustandes im Gebiete der direkten Kreisbesteuerung ist die Ersetzung der Individualveranlagung der Kreisangehörigen durch den Grundsatz der Kontingentierung der Kreissteuern auf Gemeinden und Gutsbezirke. Dieser — in gewissem Umfange durch Abs. 6 des § 7 durchbrochene — Grundsatz hat seine Formulierung in Abs. 1 daselbst gefunden, inhalts dessen „zur Aufbringung der direkten Kreissteuern die einzelnen Gemeinden und Gutsbezirke verpflichtet sind". Bei der Ausführung dieser Vorschrift ist die Oberverteilung der direkten Kreissteuern vom Kreise auf die Gemeinden und Gutsbezirke zu unterscheiden von der Unterverteilung dieser Steuern innerhalb der engeren Verbände. Mit der Oberverteilung befassen sich §§ 7 bis 11, mit der Unterverteilung §§ 12 ff. des Gesetzes. Wo also in den Gesetzen von der Kreissteuerpflicht einzelner die Rede ist (z. B. §§ 9, 86 Abs. 1 der Kreisordnung vom $\frac{\text{13. Dezember 1872}}{\text{19. März 1881}}$), wird inskünftig die mittelbare Kreissteuerpflicht derselben zu verstehen sein (vgl. Entsch. des Oberverwaltungsgerichts Bd. 45 S. 6).

Für die Berechnung des die einzelnen Gemeinden und Gutsbezirke treffenden Steuerkontingents sind die folgenden Grundsätze aufgestellt worden.

a) Als Maßstab dient das Prinzipalsteuersoll an Einkommensteuer und Realsteuern, welches der Gemeindebesteuerung nach den Vorschriften des Kommunalabgabengesetzes zugrunde zu legen ist. Wo besondere Steuern in der Gemeinde erhoben werden, wird nicht das Soll dieser, sondern das Soll der staatlich veranlagten Steuern, wie es nach Maßgabe des Kommunalabgabengesetzes umlagefähig ist (§§ 26 Abs. 3, 30 Abs. 3 KomAbgGes.), zugrunde gelegt. Was die Einkommensteuer betrifft, so ist nicht das Prinzipalsoll der Staats-, sondern der Gemeindeeinkommensteuer, an deren Veranlagung durch die Gemeindebehörden bzw. Verwaltungsgerichte der Kreis gebunden ist, maßgebend. Dieser grundsätzliche Standpunkt engster Anlehnung an die Gemeindebesteuerung führt dazu, daß Gemeindebeschlüsse, welche für die Gemeindesteuer bestimmend sind (z. B. in den Fällen der §§ 24 h, 33 Abs. 4, 39, 49 Abs. 2, 50 Abs. 1 KomAbgGes.), auch für die Verteilung des Kreissteuerbedarfs wirksam sind, und daß Gemeindesteuersätze, welche im Wege der Vereinbarung mit Steuerpflichtigen berechnet sind (z. B. in den Fällen der §§ 43, 47 Abs. 1 aaO.), nach einer dem Verhältnis des Umlage- zum Prinzipalsteuersoll in der Gemeinde entsprechenden Kürzung gleichfalls der Kreissteuerverteilung zugrunde gelegt werden. Fehlt es für die Zwecke dieser Verteilung in einer Gemeinde an einer Grundlage, etwa, weil dort eine Einkommensteuer nicht erhoben wird, so will Abs. 4 des § 7 im Wege ergänzungsweiser Einschätzung durch den Kreisausschuß Ersatz schaffen. Hinsichtlich der Einkommen von nicht mehr als 900 Mark trifft Abs. 8 des § 7 eine aus dem bisherigen Rechte herrührende Bestimmung.

b) In den Gutsbezirken ist, was die hier in Betracht kommenden Steuerarten betrifft, bisher eine Einschätzung nur zur Staatseinkommensteuer — gegebenenfalls einschließlich der fingierten Normalsteuersätze (§ 74 des Einkommensteuergesetzes vom 24. Juni 1891)*) — und zu den früher staatlichen Grund-, Gebäude- und Gewerbesteuern er-

[1]) Jetzt Fassung vom 19. Juni 1906, § 79.

folgt. Nunmehr hat das Gesetz auch in den Gutsbezirken, um hierfür die Berechnung des Steuerkontingentes eine dem Prinzipalsteuersoll der Gemeinde (unter a) entsprechende Grundlage zu besitzen, eine jährliche Veranlagung der Personen, Grundstücke und Gewerbebetriebe nach denselben Grundsätzen, wie solche für die Gemeindebesteuerung bestehen, neu begründet. Für dieses Einschätzungsgeschäft soll hiernach der Gutsbezirk als Gemeinde angesehen werden; die in ihm für die Zwecke des Gesetzes veranlagten Steuern sollen die rechtliche Natur der Gemeindesteuern erhalten. Ähnlich dem bisherigen Rechtszustande (§§ 10, 11 der Kreisordnung vom $\frac{\text{13. Dezember 1872}}{\text{19. März 1881}}$) soll dieses Einschätzungsgeschäft gleichzeitig der Berechnung des dem Gutsbezirke aufzuerlegenden Kreissteuerkontingents und der Unterverteilung desselben im Gutsbezirke die Grundlage liefern, indessen mit der Maßgabe, daß für die Berechnung des Kontingents das vorjährige Prinzipalsteuersoll (vgl. unten zu c), für die Unterverteilung dasjenige des laufenden Rechnungsjahres maßgebend sein soll. Nur für das erste Rechnungsjahr nach Einführung der hier fraglichen Bestimmungen des Gesetzes (1907) muß selbstverständlich das für dieses Jahr eingeschätzte Soll gleichzeitig beiden Zwecken dienen (§ 86). Im übrigen gelten hier die oben zu a gemachten Ausführungen.

c) Einem praktischen Bedürfnisse will das Gesetz durch die Bestimmung im Abs. 5 des § 7 Rechnung tragen, nach welcher der Verteilung der Kreissteuern auf die engeren Kommunalverbände das Steuersoll nicht des laufenden, sondern des vorangegangenen Rechnungsjahres nach dem Stande des 1. Januar zugrunde zu legen ist. Freilich wird in gewissem Umfange das Risiko der engeren Kommunalverbände, welche nach dem geltenden Rechte die durch Abgänge und Ausfälle sich ergebenden Verringerungen des Kreissteuerkontingents zu tragen haben

(Friedrichs, Die Kreisabgaben S. 118 ff.), gesteigert; denn das Gesetz legt ihnen weiterhin das Risiko der Ausfälle und Abgänge dreier Monate (Januar bis März) des vorangegangenen Rechnungsjahres und der Herabsetzung des Steuersolls im Rechtsmittelwege für diese 3 Monate des vorangegangenen Jahres und für das ganze laufende Rechnungsjahr auf. Indessen wird abgesehen davon, daß auch die Zugänge für diesen gesamten Zeitraum den Kreissteuerträgern zuwachsen, und daß ein Ausgleich in dem nächsten Jahre geschaffen wird, durch die neue Vorschrift des § 15 ein Korrektiv gegen Überbürdung geschaffen. Dazu kommt, daß die Kreissteuerberechnung unabhängig wird von der Erledigung der Staats- und Gemeindesteuerveranlagung, daß der Kreishaushaltsetat für das gesamte Rechnungsjahr mit festen, keiner Veränderung ausgesetzten Steuerkontingenten rechnen kann, und daß auch der Provinzialbesteuerung sogleich bei Beginn des Jahres in den Kreisen eine fest bestimmte Verteilungsgrundlage gesichert ist.

Nach § 7 Abs. 5 gilt als Normaltag für die Berechnung des Steuersolls der 1. Januar des vorjährigen Rechnungsjahres — z. B. für die Berechnung des den Kreissteuern des Jahres 1908 zugrunde zu legenden Gemeindesteuersolls der 1. Januar 1908. Nur die bis zu diesem Tage rechtskräftig gewordenen Berichtigungen des Steuersolls im Rechtsmittelwege und die bis dahin endgültig eingetretenen Veränderungen durch Zu- und Abgänge (§ 60 KomAbgGes.) sind von Einfluß auf die Höhe des Solls, spätere Berichtigungen und Veränderungen bleiben unberücksichtigt. Nicht unberücksichtigt aber können Veranlagungen bleiben, welche erst in der Zeit zwischen dem 1. Januar und dem 31. März perfekt werden, trotzdem die Steuerpflicht der betreffenden Zensiten schon vor dem 1. Januar begonnen hat (§ 60 Abs. 2 unter 1 KomAbgGes.). In Fällen derartiger verspäteter Veranlagungen sollen die sich dabei ergebenden Steuersätze dem Steuersolle des nächstfolgenden Jahres hinzugezählt werden. Steuerbeträge, welche für Vorjahre veranlagt worden sind (§ 84 aaO.), sollen dem Steuersolle des Jahres, in dem die Veranlagung erfolgt ist, oder dem des nächsten Rechnungsjahres hinzugerechnet werden, je nachdem die Veranlagung vor oder nach dem 1. Januar erfolgt ist.

d) Bei Bestimmung des Belastungsverhältnisses, welches unter den als Maßstab für die Verteilung der direkten Kreissteuern dienenden Steuerarten innezuhalten ist, geht das Gesetz in § 9 Abs. 1 für die Regelfälle von dem geltenden Rechte aus (§ 91 Abs. 1 Ziff. 2 KomAbgGes., §§ 10, 12 KrOrdn.), ohne indessen zwischen den verschiedenen Gewerbesteuerklassen zu unterscheiden. Wird vom Kreistage der Oberverteilung eine Grundwertsteuer an Stelle der staatlich veranlagten Grund- und Gebäudesteuer zugrunde gelegt (§ 8), so ist das Aufkommen dieser Grundwertsteuer für die Zwecke der Feststellung des Belastungsverhältnisses zwischen Einkommensteuer und Realsteuern in Prozentsätze der staatlich veranlagten Grund- und Gebäudesteuer umzurechnen (entsprechend dem § 57 KomAbgGes.). Der Beschluß des Kreistages über die Oberverteilung des Kreissteuerbedarfs auf die verschiedenen Steuerarten hat daher, gleichgültig, ob Zuschläge zur staatlich veranlagten Grund- und Gebäudesteuer oder Grundwertsteuern erhoben werden, den vom Grundbesitze aufzubringenden Teil des Steuerbedarfs stets in Prozenten der staatlichen Grund- und Gebäudesteuer zu berechnen und zum Ausdrucke zu bringen. Dasselbe gilt von den Genehmigungsbeschlüssen des Bezirksausschusses, sofern nach § 19 Abs. 1 Ziffer 3 und 5 eine Genehmigung erforderlich wird. § 9 Abs. 2 läßt ganz allgemein Ausnahmen von der Regelvorschrift des Abs. 1 — also über den nach dem bisherigen Rechte (§ 91 Ziffer 2 Abs. 2 KomAbgGes.) dem Kreistage eingeräumten Spielraum hinaus — zu. Bei der praktischen

Ausführung dieser neuen Vorschriften über die Verteilung des Steuerbedarfs auf die verschiedenen Steuerarten werden die Bestimmungen in § 55 Abs. 2 KomAbgGes. und die dazu ergangenen Ausführungsanweisungen zum Anhalt zu nehmen sein.

Selbstverständlich hört mit Inkrafttreten des Gesetzes die auf § 14 Abs. 3 KrOrdn. gegründete Möglichkeit einer Heranziehung des Fiskus zu den Kreissteuern mit einem erhöhten Prozentsatze der Grund- und Gebäudesteuer auf, da die das Korrelat zu dieser Vorschrift bildende Freiheit des Fiskus von der Kreiseinkommensteuer als Folge des durchgeführten Kontingentierungssystems wegfällt. Auch sind durch die neuen Bestimmungen des § 9 die Vorschriften des bisherigen Rechts über besondere Verteilungsmaßstäbe für Verkehrsanlagen (§ 12 Abs. 1 KrOrdn., § 111 Abs. 2 ProvOrdn.) als beseitigt anzusehen. § 9 Abs. 3 bildet das bisherige Recht (§ 12 Abs. 3 KrOrdn.) in verdeutlichter Form nach. Ausnahmsfälle, wie sie im Schlußsatze des § 9 vorgesehen werden, können sich etwa anläßlich der Einführung einer Grundwertsteuer ergeben, indem eine solche Maßregel eine vorzeitige Revision des Verteilungsmodus empfehlenswert erscheinen lassen kann. Die vorzeitige Revision bedarf der Genehmigung des Bezirksausschusses (§ 19 Abs. 1 Ziffer 3).

Da im System der Kontingentierung das der einzelnen Gemeinde überwiesene Kreissteuerkontingent die rechtliche Natur einer Gemeindeausgabe hat, ist für die Unterverteilung dieses Kontingents in der Gemeinde — im Gegensatze zum Gutsbezirke — nicht das vom Kreistage beschlossene Belastungsverhältnis unter den verschiedenen Steuerarten, sondern das von den Gemeindebehörden gemäß §§ 54 ff. KomAbgGes. für die Aufbringung ihres Gemeindesteuerbedarfs überhaupt beschlossene Belastungsverhältnis maßgebend.

2. Nach § 8 kann der Kreistag beschließen, die Ober-

verteilung des auf die Steuer vom Grundbesitze entfallenden Teiles des Kreissteuerbedarfs nicht nach dem Maßstabe der staatlich veranlagten Grund- und Gebäudesteuer, sondern nach dem des Wertes vorzunehmen. Die Art der Aufbringung der hiernach anderweit berechneten Kreissteuerkontingente in den Gemeinden bestimmt sich gemäß § 12 lediglich nach der Gemeindesteuerverfassung, so daß es an sich der Beschlußfassung einer Gemeinde, welche noch keine besondere Steuer vom Grundbesitz eingeführt hat, überlassen bleibt, ob sie entsprechend dem Vorgehen des Kreises bei der Oberverteilung der direkten Kreissteuern auch für die Aufbringung ihres — das Kreissteuerkontingent mitumfassenden — Gemeindesteuerbedarfs eine Grundwertsteuer einführen will oder nicht. Indessen wird es sich zur Verhütung eines die Steuerverfassung der beteiligten Kommunalverbände verwirrenden Dualismus der Veranlagungsart empfehlen, der Einführung einer Grundwertsteuer durch den Kreis eine solche in den Gemeinden des Kreises folgen zu lassen. Die Aufsichtsbehörden werden in dieser Richtung anläßlich der Beschlußfassungen über die Gemeindebesteuerung ihre Einwirkung zu üben haben. In Gutsbezirken wirkt die Einführung der Grundwertsteuer im Kreise gleichzeitig als Grundlage der Unterverteilung (§ 18 Abs. 1).

In erster Linie wird die Grundwertsteuer in Gegenden mit steigenden Grundwerten, namentlich in Vorortkreisen und industriell sich entwickelnden Kreisen, einen geeigneten Verteilungsmaßstab bieten; aber auch in in rein ländlichen Gegenden z. B. der Provinz Hannover, in welchen die staatliche Grundsteuereinschätzung durch völlig veränderte Kultur- und Wirtschaftsverhältnisse überholt worden ist, wird sich die anderweite Verteilung des auf die Steuer vom Grundbesitz entfallenden Teils des Kreissteuerbedarfs nach dem Maßstabe der Grundstückswerte empfehlen.

Das Gesetz überläßt für den Fall der Einführung

einer Grundwertsteuer die nähere Bestimmung des Grundstückswertes als des Maßstabes für die Veranlagung der Grundstücke der Steuerordnung. Im Hinblick auf die großen Schwierigkeiten, welche dem Kreisausschusse bei der Einschätzung aller — bebauten und unbebauten — Grundstücke im Kreise sich bieten müßten, wenn er von allen vorhandenen Steuermaterialien absehen wollte, kann es nicht empfehlenswert erscheinen, als Veranlagungsmaßstab einen dem bisherigen Steuerrechte fremden Wert, etwa einen erst zu definierenden Ertragswert zu wählen. Vielmehr wird es zweckmäßig sein, den der staatlichen Ergänzungssteuer für die Regelfälle zugrunde gelegten Maßstab des „gemeinen Wertes" als Veranlagungsmaßstab zu wählen und die Einschätzungsergebnisse jener Steuer bei Veranlagung der Grundstücke für die Kreiswertsteuer zu übernehmen. In diesem Falle würde es einer selbständigen Veranlagung im wesentlichen nur hinsichtlich der zur Ergänzungssteuer nicht herangezogenen Grundstücke, also der Grundstücke nichtphysischer Personen (§ 2 ErgänzungsstGes. vom 14. Juli 1893), bedürfen. Sollten in einzelnen Gemeinden des Kreises bereits Grundwertsteuern auf gleicher Grundlage eingeführt sein, so wird die Steuerordnung des Kreistags eine Verwertung der Einschätzungsergebnisse dieser Gemeindesteuern für den Kreis vorsehen können. Bevor ein Kreis zur Einführung einer Grundwertsteuer übergeht, wird es wünschenswert sein, daß er mit anderen Kreisen der Provinz zwecks eines tunlichst gleichmäßigen Vorgehens Fühlung nimmt, damit eine Grundlage für eine etwaige spätere Ausdehnung der gesetzlichen Zulassung einer besonderen kommunalen Grundbesteuerung auf die Provinz geschaffen werde. Auch die Aufsichtsbehörden werden gelegentlich der Beschlußfassungen über die Genehmigung der Steuerordnungen in dieser Richtung einzuwirken in der Lage sein. Als Muster wird unter Berücksichtigung der unter dieser Nummer gemachten Ausführungen das für die Grundwertsteuern in Gemeinden aufgestellte benutzt werden können.

Im einzelnen ist zu bemerken:

a) Hinsichtlich der Befreiung von Grundstücken von der Grundwertsteuer gelten die Bestimmungen des § 24 KomAbgGes.

b) Der Übereinstimmung mit den übrigen zur Kreissteuer heranzuziehenden Steuerarten wegen wird es zweckmäßig sein, das für das Vorjahr eingeschätzte Soll auch der Grundwertsteuer, wie es sich am 1. Januar darstellt, der Oberverteilung des Kreissteuerbedarfs zugrunde zu legen, also die Vorschrift des § 7 Abs. 5 für die Fälle des § 8 sinnentsprechend zur Anwendung zu bringen (vgl. Begründung zu § 8 des Ges. a. E.). Der erstmaligen Verteilung nach Einführung der Grundwertsteuer würde indessen das vorjährige Soll dieser Steuer nur unter der Voraussetzung zugrunde gelegt werden können, daß das Inkrafttreten der Steuer um ein Rechnungsjahr hinausgeschoben wird, damit in diesem Zeitraum die Einschätzung der Grundstücke bewirkt werden könnte. Andernfalls würde für das Einführungsjahr das Soll der Grundwertsteuer dieses Jahres zur Grundlage zu nehmen sein.

c) Die Bewertung von Grundstücken, welche dauernd land- oder forstwirtschaftlichen Zwecken zu dienen bestimmt sind, soll nach § 8 in der Regel auf der Grundlage des Reinertrages erfolgen, den die Grundstücke nach ihrer bisherigen wirtschaftlichen Bestimmung bei ordnungsmäßiger Bewirtschaftung nachhaltig gewähren. Inwiefern die Verhältnisse des einzelnen Kreises eine Ausnahme von dieser Regel rechtfertigen, haben die Kreistage bei Erlaß der Steuerordnung und die Aufsichtsbehörden bei deren Genehmigung zu prüfen. Ausnahmefälle von der Regel werden jedenfalls in Vorortkreisen, in einem Teile der hannoverschen Kreise und in den Kreisen der Flußniederungen (Elbe, Oder u. s. f.) anerkannt werden dürfen, sofern daselbst eine Unterscheidung innerhalb der Grundstücke des Kreises nach solchen, deren Kapitalwert zu ihrem landwirtschaftlichen Nutzungswert in keinem dieser Nutzung entsprechenden Verhältnisse mehr steht, und solchen, die zweifellos noch zu dauernder land- oder forstwirtschaftlicher Nutzung bestimmt sind, nicht durchführbar ist, oder sofern daselbst die zum Zwecke der Ergänzungsbesteuerung erfolgte Bewertung auch für die landwirtschaftlich genutzten Grundstücke eine passendere Einschätzung ergibt als die durch die Wirtschafts- und Kulturverhältnisse überholte staatliche Veranlagung. Gärtnerisch genutzte Grundstücke werden unter die in § 8 Abs. 1 Satz 2 genannte Grundstückskategorie nur dann zu bringen sein, wenn die Gärtnereien wirklich landwirtschaftlichen und nicht Handels- oder gewerblichen Charakter tragen.

d) Gerade auf dem hier in Frage stehenden Gebiete wird der Kreisausschuß neben der Hilfe der Staatsbehörden diejenige der Gemeinden in weitem Umfange in Anspruch zu nehmen haben (§ 16 Abs. 2 Ges. in Verb. mit §§ 62 und 64 KomAbgGes.).

8. Neben den Gemeinden und Gutsbezirken hat § 7 Abs. 6 gewisse Zensiten einer besonderen direkten Kreiseinkommensteuerpflicht unterworfen, soweit ihr Einkommen nicht schon nach dem Kommunalabgabengesetze gemeindesteuerpflichtig ist und daher nach § 7 Abs. 2 anderweit bei der Kreissteuerverteilung berücksichtigt wird; es sind dies die in § 40 Abs. 1 Ziffer 1 und Abs. 3 KomAbgGes. aufgeführten Personen, sofern sie im Kreise wohnen oder darin ein Einkommen beziehen (§ 33 Abs. 1 Ziffer 1 und 2 a. a. O.). Nach der Rechtsprechung des Oberverwaltungsgerichts (Entsch. Bd. 44 S. 41 ff.) ist in den Forensalgemeinden das Einkommen der Standesherren zur Gemeindesteuer heranzuziehen; die sich hieraus ergebende Gemeindeeinkommensteuer ist demnach in das der Kreisbesteuerung zugrunde zu legende Gemeindesteuersoll (§ 7 Abs. 2) einzurechnen. Insofern aber nach

dieser Rechtsprechung das Kommunaleinkommensteuerprivileg der Standesherren in ihren Wohnsitz- oder Aufenthaltsgemeinden durch das Kommunalabgabengesetz noch fortbesteht, hat hier § 7 Abs. 6 des vorliegenden Gesetzes eine besondere Kreiseinkommensteuerpflicht geschaffen. Nicht von dieser besonderen Kreiseinkommensteuer werden die in § 40 Abs. 1 Ziffer 2 und 3 KomAbgGes. bezeichneten Personenkategorien betroffen, deren Befreiung auf den Regeln des Völkerrechts beruht (StenBer. des AbgH. 1905/06 S. 1843).

Weiter unterliegt nach § 7 Abs. 6 der Fiskus mit seinem Einkommen aus den von ihm zu Ansiedlungszwecken angekauften Besitzungen der besonderen Kreissteuer, während er davon gemeindeeinkommensteuerfrei ist.

Diese besonderen Steuersätze sind vom Kreisausschusse je einheitlich für den Kreis unter sinngemäßer Anwendung der für die Gemeindeeinkommensteuer geltenden Vorschriften und unter Belegung mit dem vom Kreistage beschlossenen Einkommensteuerzuschlage zu veranlagen. Was die Heranziehung des Ansiedlungsfiskus mit dem besonderen Einkommensteuersatze im Kreise anbelangt, so führt die vom Gesetze vorgeschriebene sinngemäße Anwendung der für die Gemeindeeinkommensteuer geltenden Bestimmungen zu einer dem § 44 KomAbgGes. entsprechenden Veranlagung. Denn selbstverständlich kann für diese Veranlagung nur auf diejenigen Regeln zurückgegriffen werden, welche das Kommunalabgabengesetz für die Einschätzung des Einkommens aus fiskalischem Grundbesitz u. s. f. aufstellt, d. h. auf die Regeln der §§ 44 ff. Demgemäß wird das Reineinkommen von den einzelnen Ansiedlungsgütern, welche im Eigentum des Fiskus stehen und so lange sie in seinem Eigentume stehen, aus dem Grundsteuerreinertrage nach dem Verhältnisse zu berechnen sein, in welchem der in der betreffenden Provinz aus den Ansiedlungsgütern erzielte etatsmäßige Überschuß der Einnahmen über die Ausgaben unter Berücksichtigung der auf denselben ruhenden Verbindlichkeiten und der Verwaltungskosten zum Grundsteuerreinertrage steht. Weiterhin wird auch hier das Verhältnis alljährlich durch den Minister für Landwirtschaft, Domänen und Forsten endgültig festzustellen und öffentlich bekannt zu machen sein.

Die Ausführung des § 7 überhaupt wird in den Kreisen, in welchen sich Zensiten der in Abs. 6 bezeichneten Art befinden, in der Weise vorzunehmen sein, daß dem nach § 7 Abs. 2 bis 5 zu berechnenden Steuersoll die Einkommensteuersätze des Abs. 6 hinzugezählt werden und der Kreissteuerbedarf auf das Gesamtsoll gemäß § 9 verteilt wird (vgl. auch § 11 Abs. 1). Dabei ist indessen zu bemerken, daß die Vorschrift des Abs. 5 in § 7 sich nicht auf die gemäß Abs. 6 zu veranlagenden Steuerbeträge bezieht, d. h. daß bei Veranlagung der besonderen Kreiseinkommensteuersätze nicht auf die Verhältnisse des Vorjahres zurückgegriffen werden darf.

4. Während das geltende Recht nur eine Mehr- oder Minderbelastung einzelner Kreisteile, also stets unter irgend welcher Beteiligung des Kreisganzen an den Kosten einer Kreisveranstaltung, kennt (§ 18 KrO.), fügt § 10 die Möglichkeit einer ausschließlichen Belastung von Kreisteilen, denen ausschließlich die betreffende Kreisveranstaltung zustatten kommt, mit den Kosten dieser Veranstaltung hinzu.

Der Ausdruck „Kreisveranstaltung" begreift, wie der Ausdruck „Kreiseinrichtung" in § 18 Kreisordnung, nicht etwa nur solche Fälle, in welchen der Kreis eine Anlage oder Anstalt selbst ins Leben ruft, sondern ebensowohl auch die Fälle, in welchen er das Unternehmen eines anderen durch seine Beteiligung fördert (OVG. Entsch. Bd. XII S. 29ff., v. Brauchitsch, Verwaltungsgesetze Bd. II, Anm. 87 zu § 18).

Der Abs. 2 läßt Sonderbestimmungen des provinziellen Straßenrechts (z. B. § 18 Abs. 2 der KrO. für Schleswig-Holstein vom 26. Mai 1888, GesS. S. 139, in Verbindung mit § 5 Abs. 2 des Ges. vom 26. Februar 1879, GesS. S. 94, § 87 des Ges., betr. Änderungen der Wegegesetzgebung der Provinz Hannover vom 24. Mai 1894, GesS. S. 82) über Vorausbelastungen bei Aufbringung der Kosten für Anlegung und Unterhaltung von Wegen unberührt.

5. Da in dem von dem Gesetze der direkten Kreisbesteuerung zugrunde gelegten Systeme der Kontingentierung steuerpflichtig nur Gemeinden und Gutsbezirke sind, ist nach § 11 Abs. 2 und 4 auch nur für diese eine Legitimation zum Einspruch und zur Klage wegen Ermäßigung des Kreissteuerkontingents begründet. Der Gutsbezirk wird hierbei entsprechend dem geltenden Rechte, nicht vom Gutsvorsteher, sondern vom Gutsbesitzer vertreten (OVG. Entsch. Bd. XXI S. 10; v. Brauchitsch Bd. II S. 78 Anm. 158).

Abs. 3 des § 11 bestimmt, daß die Rechtsmittel für die Regel nicht zum Angriff gegen die dem Kreissteuerkontingent zugrunde liegenden Einzelveranlagungen benutzt werden können, für die Rechtsmittel gegen diese Einzelveranlagungen kommen in Gemeinden §§ 68ff. KomAbgGes. und in Gutsbezirken § 14 des Ges. in Betracht. Ausnahmsweise kann indessen eine Gemeinde bei der Anfechtung des ihr überwiesenen Kreissteuerkontingents solche Einzelveranlagungen angreifen, welche der Kreisausschuß (gemäß § 7 Abs. 4, § 8) selbständig vorgenommen hat. Für die Fälle des § 8 ist der Angriff durch Gemeinde oder Gutsbezirk in Gemäßheit des § 11 Abs. 3 Satz 2 eingeschränkt.

6. §§ 12 und 13 regeln die Unterverteilung der Steuerkontingente in Gemeinden und Gutsbezirken. Für die Gemeinden tritt derjenige Rechtszustand, welcher nach dem bisherigen Rechte im Falle der Übernahme der Kreisabgaben auf den Gemeindehaushalt eintrat (§ 91

Abs. 1 Ziffer 1 KomAbgGes., Begr. zu § 75 des Entwurfs eines KomAbgGes., OVG. Entsch. Bd. I S. 65 ff.), von Gesetzes wegen ein. Im Gutsbezirk ändert sich der bisherige Zustand dahin, daß die Kreisabgabenbeträge nicht mehr nach den für die Staats- und Kreisbesteuerung bestehenden Vorschriften, sondern nach den Rechtssätzen über Gemeindebesteuerung auf die hiernach Pflichtigen veranlagt werden. Dabei ist indessen das vom Kreistage beschlossene Belastungsverhältnis unter den Steuerarten und im Falle des § 8 die dort geregelte Grundsteuerform maßgebend (vgl. oben zu 2). Für die Veranlagung der Realsteuern gelten auch im Gutsbezirke für die Zukunft §§ 4, 11 des Ges. wegen Aufhebung direkter Steuern vom 14. Juli 1893. Was die Einkommensteuer anbelangt, so liegen dem Kreisausschusse z. B. bei Verteilung des steuerpflichtigen Einkommens auf verschiedene Gemeinden oder Gutsbezirke die sich aus §§ 47 ff. KomAbgGes. ergebenden Aufgaben ob (vgl. § 52 KomAbgGes.). Dabei müssen indessen — wie schon nach geltendem Rechte (Nöll-Freund, KomAbgGes. § 52 Anm. 8) — §§ 49 Abs. 2, 50 Abs. 1 Satz 2 KomAbgGes. bei der Besteuerung im Gutsbezirk außer Betracht bleiben.

7. Die Vorschrift des § 15 Abs. 2 stellt das durch § 18 der KrO. vom $\frac{\text{13. Dezember 1872}}{\text{19. März 1881}}$ begründete Vorzugsrecht der Gemeinde vor dem Kreise auf Besteuerung des abgabepflichtigen Teiles des Diensteinkommens der Beamten im Wege einer Erstattungspflicht des Kreises sicher.

8. Für die Beschlußfassungen des Bezirksausschusses gemäß § 19 ist zu beachten, daß Genehmigung oder Versagung nur mit Zustimmung des Kollegiums ausgesprochen werden darf.

III. Provinzialabgaben.

1. Hinsichtlich der §§ 21 bis 24 kann auf die Ausführungen zu I Nr. 1, 2, 4 und 6 verwiesen und auf

II A Nr. 1 bis 3, B Nr. 1 bis 4 Bezug genommen werden. Unter den Bestimmungen der „Chausseegelder", bei denen es nach § 21 Abs. 2 bewenden soll, sind diejenigen über Chausseestrafgelder mitverstanden. Als „Veranstaltungen", für welche die Provinz gemäß § 24 in Verbindung mit §§ 4 und 5 Benutzungsgebühren und Beiträge erheben kann oder mit deren Kosten sie einzelne besonders interessierte Kreise vorwiegend oder ausschließlich belasten kann (§ 27), kommen nicht allein die von der Provinz selbst ins Leben gerufenen und unterhaltenen, sondern auch diejenigen in Betracht, welche sie in Gemeinschaft mit anderen Unternehmern betreibt oder unterhält bzw. an denen sie nur finanziell beteiligt ist. Für Gebührenerhebung werden namentlich Taubstummen-, Blinden-, Irrenanstalten oder Bibliotheken, Kunstsammlungen sich eignen, während Anlage und Unterhaltung von Meliorationen häufig eine Finanzierung durch die Erhebung von Beiträgen zulassen wird. § 24 Abs. 1 läßt eine Delegation vom Provinziallandtage auf den Provinzialausschuß nur in der Beschränkung auf die Festsetzung der Gebühren und Beiträge zu. Darin liegt lediglich das Recht zur Wahl des Veranlagungsmaßstabes und zur ziffermäßigen Bestimmung der Sätze, während die grundsätzliche Beschlußfassung über die Erhebung von Gebühren und Beiträgen dem Provinziallandtage ausschließlich vorbehalten ist. Bei der sinngemäßen Anwendung des § 5 Abs. 3 Satz 2 auf die Beiträge der Provinzialverbände treten an die Stelle des „Kreisblattes" die Amtsblätter der Provinz (vgl. §§ 12 Abs. 1, 104, 111 Abs. 2 u. f. f. der ProvO.).

Gebühren- und Beitragsforderungen der Provinz unterliegen der zwangsweisen Beitreibung nach § 90 KomAbgGes. (§ 81 des Ges.).

2. Das Steuersoll, welches gemäß § 25 Abs. 2 der Verteilung des Provinzialsteuerbedarfs auf Stadt- und Landkreise zugrunde zu legen ist, begreift nicht die in

§ 7 Abs. 6 bezeichneten besonderen Steuersätze in sich; denn gemäß § 25 Abs. 4 ist für diese Verteilung in den Landkreisen das der Kreisbesteuerung gemäß § 7 Abs. 5 zugrunde gelegte Steuersoll maßgebend, in welchem die Steuersätze des § 7 Abs. 6 nicht mit enthalten sind. Hinsichtlich der Berechnung des in § 25 Abs. 4 bezeichneten Steuersolls wird auf II D 1 a—c verwiesen.

IV. Schluß- und Übergangsbestimmungen.

1. Nach § 35 des Entwurfs zu dem Kreis- und Provinzialabgabengesetze sollte das Gesetz am 1. April 1906 in Kraft treten und sollten die für die Verteilung der direkten Kreissteuern auf die einzelnen Steuerarten zurzeit maßgebenden Kreistagsbeschlüsse mit jenem Zeitpunkte ihre Gültigkeit verlieren und durch neue ersetzt werden. An die Stelle dieser Bestimmungen ist in § 35 des Ges. die Vorschrift getreten, daß die die Einführung von Gebühren, Beiträgen und indirekten Steuern in den Kreisen betreffenden Teile des Gesetzes mit dem Tage seiner Verkündigung, also am 7. Mai 1906, alle übrigen Teile am 1. April 1907 in Kraft treten sollen.

Nach dem Berichte der Kommission des Abgeordnetenhauses zu § 35 (Drucks. des AbgH. 1905/6 Nr. 87 S. 17) ist die Bestimmung über die Beseitigung und den Neuerlaß von Kreistagsbeschlüssen über die Verteilung der direkten Kreissteuern auf die einzelnen Steuerarten gestrichen und die Ausführung dieser Materie der ministeriellen Anweisung überlassen worden.

Dementsprechend wird hierdurch bestimmt, daß alle Kreistagsbeschlüsse über die Verteilung der direkten Kreissteuern auf die einzelnen Steuerarten vor dem 1. April 1907 durch neue Beschlüsse der Kreistage zu ersetzen sind, daß bei diesen Beschlußfassungen die Vorschriften des § 9 des Gesetzes in Verb. mit II D 1 d der Ausführungsanweisung zu beachten sind, und daß, sofern nach § 19 Abs. 1 Ziffer 3 eine Genehmigung erforderlich ist, die Bezirksausschüsse über diese alsbald nach dem 1. April 1907 durch Kollegialbeschluß zu befinden haben.

2. Während die Einführung einer Kreis-Grundwertsteuer frühestens für das Rechnungsjahr 1907 nach Erlaß einer Steuerordnung sowie nach Erteilung der Genehmigung und Zustimmung beschlossen werden kann (vgl. oben II D 2, insbes. zu b), ist die Beschlußfassung über die Einführung von Gebühren, Beiträgen und indirekten Steuern in Kreisen schon im Laufe des Rechnungsjahrs 1906 zulässig.

3. Im Interesse einer glatten Erledigung der erstmaligen Kreissteuerveranlagung nach dem vorliegenden Gesetze wird mit der gemäß § 7 Abs. 4, § 18, § 36 vorzunehmenden Einschätzung in gemeindeeinkommensteuerfreien Gemeinden und in Gutsbezirken so zeitig vorzugehen sein, daß sie spätestens bei Beginn des Rechnungsjahres 1907 abgeschlossen ist.

4. Für die Provinzialabgaben ist der 1. April 1907 der Termin des Inkrafttretens der neuen Gesetzesbestimmungen. Indessen kann es im Hinblick auf das Erkenntnis des Oberverwaltungsgerichts vom 16. Juni 1899 (PVBl. XXI S. 815) für die Provinzialorgane keinem Bedenken unterliegen, Beschlüsse über die Ausführung des Gesetzes bereits vor dem 1. April 1907 zu fassen; eine zu diesen Beschlüssen etwa erforderliche Genehmigung würde erst nach dem genannten Termin erteilt werden können.

Berlin, den 29. September 1906.

Der Finanzminister. Der Minister des Innern.
Frhr. v. Rheinbaben. v. Bethmann-Hollweg.

Anlage zur Ausführungsanweisung.

a) Ordnung

für die Erhebung einer Gemeindesteuer (Kreissteuer) vom Erwerbe von Grundstücken und von Rechten, für welche die auf Grundstücke bezüglichen Vorschriften gelten, in der Stadt (im Landkreise) X.

Auf Grund der §§ 13, 18, 69, 70 und 82 des KomAbgGes. vom 14. Juli 1893 (GesS. S. 152) (der §§ 6, 16 und 17 des Kr.- u. ProvAbgGes. vom 23. April 1906 (GesS. S. 159 —) und des Beschlusses der Stadtverordnetenversammlung (des Kreistages) vom ..... wird für die Stadt (den Landkreis) ...... nachstehende Steuerordnung erlassen.

§. 1. Jeder abgeleitete Eigentumserwerb [1]) eines im Stadtbezirke (im Landkreise) belegenen Grundstücks oder Erwerb eines Rechtes, für welches die auf Grundstücke bezüglichen Vorschriften gelten (Bergwerkseigentums, Erbbaurechts), unterliegt einer Steuer von ..... vom Hundert [2]) des Wertes des erworbenen Grundstücks oder Rechtes. [In Gemeinden, in welchen eine entsprechende

---

[1]) Die Fassung ist — im Gegensatze zu dem geltenden Muster — gewählt worden, um auch diejenigen Erwerbsakte der Steuer zu unterwerfen, welche bei einer Beschränkung der Steuerpflicht auf die „auf Grund einer freiwilligen Veräußerung erfolgenden Erwerbsakte" dieser Steuer entzogen sind (vgl. Nöll-Freund, Kommentar zum KomAbgGes. 5. Aufl. S. 489 ff.).

[2]) Zur Verhütung übermäßiger Belastung der Grundstücksumsätze wird für Landkreise an einer Höchstgrenze von 1 % des Werts als der Regel festzuhalten sein.

Steuer bereits eingeführt ist, ermäßigt sich die Steuer auf . . . . vom Hundert des Wertes[1]).]

Erfolgt eine Auflassung auf Grund mehrerer, das Recht auf Auflassung begründender lästiger Rechtsgeschäfte von dem ersten Veräußerer an den letzten Erwerber, so werden die Erwerbspreise dieser sämtlichen Rechtsgeschäfte zusammengerechnet und ist die Steuer von diesem Gesamtbetrage zu entrichten. Übertragungen der Rechte eines Erwerbers aus dem Veräußerungsgeschäfte oder nachträgliche Erklärungen eines aus dem Veräußerungsgeschäfte berechtigten Erwerbers, die Rechte für einen Dritten erworben beziehungsweise die Pflichten für einen Dritten übernommen zu haben, werden wie Veräußerungen behandelt. Hat jedoch ein Erwerber das Veräußerungsgeschäft nachweislich auf Grund eines Vollmachtvertrages oder einer Geschäftsführung ohne Auftrag für einen Dritten abgeschlossen, so bleibt die Übertragung seiner Rechte an den Dritten bei der Berechnung des zu versteuernden Betrages außer Betracht[2]).

In Fällen, in welchen auf Grund gesetzlichen Anspruchs auf Rückgängigmachung des Veräußerungsgeschäfts ein Rückerwerb von Grundstücken oder Rechten stattgefunden hat, kommt die Steuer nicht zur Erhebung. In anderen Fällen eines Rückerwerbes kann der Magistrat (der Kreisausschuß) die zu entrichtende Steuer aus Billigkeitsrücksichten bis auf $1/20$ ihres Betrages ermäßigen.

Zur Zahlung der Steuer sind der Erwerber und der Veräußerer, im Falle des Absatzes 2 der letzte Erwerber und der erste Veräußerer gesamtschuldnerisch verpflichtet. Steht einem der Beteiligten nach den landesstempelgesetzlichen Vorschriften ein Anspruch auf Befreiung von der

---

[1]) Die eingeklammerten Worte kommen nur für Kreissteuerordnungen in Betracht. Vgl. § 6 Abs. 2 des Kreisabgabengesetzes.

[2]) Vgl. Entsch. des OVG. Bd. 88 S. 105.

Abgabe zu (§ 6), so ist von dem anderen Teile die Hälfte der Steuer zu entrichten.

Bei Erwerbungen im Zwangsversteigerungsverfahren ist die Steuer von demjenigen zu entrichten, welchem der Zuschlag erteilt ist. Wenn der Ersteher Hypotheken- oder Grundschuldgläubiger ist, so wird die Steuer nur von dem Betrage des Meistgebotes erhoben, welcher den Gesamtbetrag seiner Hypotheken- oder Grundschuldforderung und der dieser vorgehenden Forderungen übersteigt. Ist der Ersteher eine von der Zahlung des Stempels befreite Person (§ 6), so kommt eine Steuer nicht zur Erhebung.

Die Errichtung eines Familienfideikommisses oder einer Familienstiftung unterliegt nicht der Umsatzsteuer.

§ 2. Ein Erwerb von Todes wegen oder auf Grund einer Schenkung unter Lebenden im Sinne des Reichserbschaftssteuergesetzes vom 3. Juni 1906 (RGBl. S. 654) bleibt frei von der im § 1 bezeichneten Steuer.

§ 3. Die Steuer wird nicht erhoben, wenn ein Grundstück oder Recht von einem Veräußerer auf einen Abkömmling auf Grund eines lästigen Vertrages übertragen wird[1]), oder wenn einer oder mehrere von den Teilnehmern an einer Erbschaft ein zu dem gemeinsamen Nachlasse gehöriges Grundstück oder Recht erwerben. Zu den Teilnehmern an einer Erbschaft wird auch der überlebende Ehegatte gerechnet, welcher mit dem Erben des verstorbenen Ehegatten gütergemeinschaftliches Vermögen zu teilen hat.

§ 4. Bei Eigentumserwerbungen, die zum Zwecke der Teilung der von Miteigentümern gemeinschaftlich besessenen Grundstücke bzw. Rechte außer dem Falle der Erbgemeinschaft (vgl. § 3) erfolgen, kommt die Steuer nur insoweit zur Erhebung, als der Wert des dem bis-

---

[1]) Vgl. bezüglich der Kreise: § 6 Abs. 1 Nr. 1 des Kreisabgabengesetzes.

herigen Miteigentümer übertragenen Eigentums mehr beträgt, als der Wert des bisherigen ideellen Anteils dieses Miteigentümers an der ganzen zur Teilung gelangten gemeinschaftlichen Vermögensmasse.

§ 5. Erfolgt der Erwerb auf Grund von Tauschverträgen, so berechnet sich die Steuer nach dem Werte der von einem der Vertragschließenden in Tausch gegebenen Grundstücke oder Rechte, und zwar nach denjenigen, welche den höheren Wert haben, bei dem Tausche in der Stadt (im Kreise) belegener Grundstücke oder Rechte gegen außerhalb derselben (desselben) belegene nach dem Werte der ersteren.

§ 6. Wegen der sachlichen und persönlichen Steuerbefreiungen und Steuerermäßigungen, insoweit sie nicht bereits durch die vorangegangenen Bestimmungen geregelt worden sind, finden die §§ 4[1]) und 5 des Stempelsteuergesetzes vom 31. Juli 1895 mit folgenden Maßgaben entsprechende Anwendung:

[1. Gemeinden (Gutsbezirke) und Verbände von solchen bleiben wegen aller Erwerbsgeschäfte von der Steuer befreit;

2[2]).] dem Staatsoberhaupte und dem Fiskus anderer Staaten als des Deutschen Reiches und des Preußischen Staates, den öffentlichen Anstalten und Kassen, die für Rechnung eines solchen anderen Staates verwaltet werden oder diesen gleichgestellt sind, den Chefs der bei dem Deutschen Reiche oder bei Preußen beglaubigten Missionen sowie den ausländischen Anstalten, Stiftungen und Vereinen usw.

---

[1]) Vgl. bezüglich der Kreise: § 6 Abs. 1 Nr. 1 aaO. in Verb. mit § 4 Abs. 1 unter e des Stempelsteuergesetzes (Ausschluß der Steuerpflicht der „Enteignungen").

[2]) Die eingeklammerte Stelle kommt nur für **Kreis**steuerordnungen in Betracht.

(§ 5 Abs. 1 d—g, Abs. 3 a. a. O.) wird Steuerbefreiung gewährt, wenn nach der Erklärung des Ministers der auswärtigen Angelegenheiten in dem betreffenden Staat Preußen gegenüber die gleiche Rücksicht geübt wird.

§ 7. Die Wertermittelung ist in denjenigen Fällen, in welchen die Steuer von dem Werte zu berechnen ist, auf den gemeinen Wert des Gegenstandes zur Zeit des Erwerbsaktes zu richten.

In keinem Falle darf ein geringerer Wert versteuert werden, als der zwischen dem Veräußerer und dem Erwerber bedungene Preis mit Einschluß der vom Erwerber übernommenen Lasten und Leistungen und unter Zurechnung der vorbehaltenen Nutzungen. Die auf dem Gegenstande haftenden gemeinen Lasten werden hierbei nicht mitgerechnet; Renten und andere zu gewissen Zeiten wiederkehrende Leistungen werden nach den Vorschriften des Reichs-Erbschaftssteuergesetzes vom 3. Juni 1906 §§ 17 ff. und der dazu vom Bundesrat erlassenen Ausführungsbestimmungen kapitalisiert.

Wird ein Grundstück oder Recht im Zwangsversteigerungsverfahren erworben, so ist die Steuer von dem Betrage des Meistgebots zu berechnen, zu welchem der Zuschlag erteilt wird, unter Hinzurechnung des Wertes der von dem Ersteher übernommenen Leistungen.

§ 8. Die Veranlagung der Steuer geschieht durch den Magistrat — Steuerausschuß — (Kreisausschuß).

§ 9. Die zur Entrichtung der Steuer Verpflichteten haben innerhalb zwei Wochen nach dem Erwerbe dem Magistrate, (Gemeinde-[Guts-]Vorstande) hiervon sowie von allen sonstigen für die Festsetzung der Steuer in Betracht kommenden Verhältnissen schriftliche oder protokollarische Mitteilung zu machen, auch auf Erfordern die die Steuerpflichtigkeit betreffenden Urkunden vorzulegen.

Auf Verlangen des Magistrats — Steuerausschusses — (Kreisausschusses oder des Gemeinde- [Guts-]Vorstandes) sind die Steuerpflichtigen verbunden, über bestimmte, für die Veranlagung der Steuer erhebliche Tatsachen innerhalb einer ihnen zu bestimmenden Frist schriftlich oder zu Protokoll Auskunft zu erteilen.

§ 10. Der Magistrat — Steuerausschuß — (Kreisausschuß) ist bei der Veranlagung der Steuer an die Angaben der Steuerpflichtigen nicht gebunden.

Wird die erteilte Auskunft beanstandet, so sind dem Steuerpflichtigen vor der Veranlagung die Gründe der Beanstandung mit dem Anheimstellen mitzuteilen, hierüber binnen einer angemessenen Frist eine weitere Erklärung abzugeben. Findet eine Einigung mit dem Steuerpflichtigen nicht statt, so kann der Magistrat — Steuerausschuß — (Kreisausschuß) die zu entrichtende Steuer, nötigenfalls nach dem Gutachten Sachverständiger, festsetzen.

§ 11. Nach bewirkter Prüfung erfolgt die Veranlagung durch den Magistrat — Steuerausschuß — (Kreisausschuß), worüber dem Steuerpflichtigen eine schriftliche Mitteilung (Veranlagung) zuzustellen ist.

Die Steuer ist innerhalb drei Wochen an die Stadtkasse (Gemeinde-[Guts-]Kasse) zu entrichten (welche den Betrag der Kreiskommunalkasse überweist). Nach vergeblicher Aufforderung zur Zahlung erfolgt die Einziehung der Steuer im Verwaltungszwangsverfahren.

§ 12. Der Einspruch gegen die Veranlagung ist binnen einer Frist von vier Wochen nach Zustellung der Veranlagung beim Magistrat (Kreisausschuß) schriftlich oder protokollarisch anzubringen.

Über den Einspruch beschließt der Magistrat (Kreisausschuß). Gegen dessen Beschluß steht dem Steuerpflichtigen binnen einer mit dem ersten Tage nach erfolgter Zustellung beginnenden Frist von zwei Wochen die Klage im Verwaltungsstreitverfahren an den Bezirksausschuß offen.

Durch Einspruch und Klage wird die Verpflichtung zur Abführung der Steuer nicht aufgeschoben.

§ 13. Wer eine ihm nach § 9 dieser Ordnung obliegende Anzeige oder Auskunft nicht rechtzeitig oder nicht in der vorgeschriebenen Form erstattet, wird, insofern nicht nach den bestehenden Gesetzen eine höhere Strafe verwirkt ist, mit einer Geldstrafe von einer bis dreißig Mark bestraft..

§ 14. Diese Ordnung tritt mit dem Tage ihrer Verkündigung in Kraft.

---

b) Ordnung

für die Erhebung einer Kreissteuer von der Erlangung der Erlaubnis zum ständigen Betriebe der Gastwirtschaft, Schankwirtschaft oder des Kleinhandels mit Branntwein oder Spiritus, im Landkreise X.

Auf Grund der §§ 6, 16 und 17 des Kr. u. Prov.-AbgGes. vom 23. April 1906 (GesS. S. 159) und des Kreistagsbeschlusses vom . . . . wird für den Landkreis . . . . nachstehende Steuerordnung erlassen.

§ 1. Die Erlangung der Erlaubnis zum ständigen Betriebe

einer Gastwirtschaft,
einer Schankwirtschaft,

eines Kleinhandels mit Brnntwein oder Spiritus unterliegt nach näherer Vorschrift der §§ 2—4 einer Steuer.

Für die Steuer haftet derjenige, welchem die Erlaubnis erteilt worden ist.

§ 2. Die Steuer beträgt, wenn die Erlaubnis zur Errichtung einer neuen Wirtschaft (eines neuen Kleinhandels) erteilt ist und der Gewerbetreibende

a) wegen geringen Ertrages und Kapitals von der Gewerbesteuer frei ist[1) . . . . Mk.,
b) in der vierten Gewerbesteuerklasse veranlagt ist[2) . "
c) in der dritten do. } [3) . "
d) in der zweiten do. } . "
e) in der ersten do. } . "

§ 3. Im Falle der Übernahme einer bestehenden Wirtschaft (eines bestehenden Kleinhandels) durch einen anderen Gewerbetreibenden beträgt die Steuer . . . .[4) vom Hundert desjenigen Steuersatzes, welcher nach § 2 für den Fall der Errichtung einer neuen Wirtschaft zu berechnen wäre.

§ 4. Die Erlaubnis zur Erweiterung eines der im § 1 bezeichneten Betriebe ist mit einem Satze von . . . .[5)

[1) Für diese Gruppe von Wirtschaften wird nicht über den Satz von 300 Mark hinauszugehen sein, sofern nicht besondere Ausnahmefälle vorliegen.

[2) Hier wird als Höchstsatz 500 Mark, abgesehen von Ausnahmefällen (vgl. Anm. 1) anzusehen sein.

[3) Hier wird der Kreistag entsprechend (vgl. Anm. 1 und 2) erhöhte Sätze einzusetzen haben.

[4) Hier wird ein Prozentsatz der nach Maßgabe des Textes zu berechnenden Steuersätze des § 2 einzuführen sein, wobei 50 % als Höchstgrenze zu gelten hat.

[5) Hier ist ein den Verhältnissen des beteiligten Kreises entsprechender Prozentsatz der Steuersätze des § 2 einzufügen.

vom Hundert der nach § 2 zu berechnenden Sätze zu versteuern.

§ 5. Eine Steuer wird nicht erhoben:

1. wenn die Wirtschaft (der Kleinhandel) von dem bisherigen Inhaber auf einen Abkömmling übertragen wird,
2. wenn die Erlaubnis zum Betriebe der Wirtschaft (des Kleinhandels) der Witwe des bisherigen Inhabers oder nach deren Wiederverheiratung ihrem Ehemann erteilt wird.

§ 6. Der Kreisausschuß kann Steuerfreiheit gewähren,

1. wenn die Erlaubnis zum Betriebe der Gast- oder Schankwirtschaft auf den Ausschank alkoholfreier Getränke beschränkt wird,
2. wenn der Nachweis erbracht wird, daß der Wirtschaftsbetrieb für Rechnung einer Gemeinde oder eines anderen Kommunalverbandes, einer gemeinnützigen Vereinigung oder für einen wohltätigen oder gemeinnützigen Zweck erfolgen soll.

Wird dem Inhaber einer Wirtschaft, welche gemäß Absatz 1 Ziffer 1 von der Steuer befreit geblieben ist, die Erlaubnis zum Ausschanke von geistigen Getränken erteilt, so ist diese ebenso wie die Erlaubnis zur Errichtung einer neuen Wirtschaft zu versteuern.

§ 7. Die Veranlagung der Steuer erfolgt durch den Kreisausschuß, dem hierbei die in § 16 Abs. 2 des Kr. u. ProvAbgGes. vom 23. April 1906 in Verbindung mit § 63 des KomAbgGes. vom 14. Juli 1893 geregelten Befugnisse zustehen. Über die Veranlagung ist dem Steuerpflichtigen ein schriftlicher Bescheid zuzufertigen.

Die Steuer ist innerhalb zwei Monaten an die Kreiskommunalkasse zu entrichten; nach vergeblicher Aufforderung zur Zahlung erfolgt die Einziehung der Steuer im Verwaltungszwangsverfahren.

§ 8. Der Einspruch gegen die Veranlagung ist binnen einer Frist von vier Wochen nach Zustellung des Veranlagungsbescheides bei dem Kreisausschusse schriftlich anzubringen. Über den Einspruch beschließt der Kreisausschuß; gegen dessen Beschluß steht dem Steuerpflichtigen binnen einer mit dem ersten Tage nach erfolgter Zustellung beginnenden Frist von zwei Wochen die Klage im Verwaltungsstreitverfahren an den Bezirksausschuß offen.

§ 9. Wer eine ihm gemäß § 7 obliegende Auskunft nicht rechtzeitig oder nicht in der vorgeschriebenen Form erstattet, wird, insofern nicht nach den bestehenden Gesetzen eine höhere Strafe verwirkt ist, mit einer Geldstrafe von einer bis dreißig Mark bestraft.

§ 10. Diese Ordnung tritt mit dem Tage ihrer Verkündigung in Kraft.

Anhang.

Wie hat die Berechnung und Ausschreibung der Kreisabgaben zu erfolgen?[1])

I. Hinsichtlich der Stadt- und Landgemeinden.

Der Kreisbesteuerung unterliegt das Soll der Einkommensteuer und der vom Staate veranlagten Realsteuern, einschl. der Betriebssteuer, wie es in Gemeinden nach den Vorschriften des Kommunalabgabengesetzes, nach Gemeindebeschlüssen und Vereinbarungen mit Steuerpflichtigen der Gemeindebesteuerung zugrunde zu legen ist, nach dem Stande des dem Rechnungsjahre vorangegangenen 1. Januar. Durch Nachfrage bei den Gemeinden kann der Kreisausschuß dies Soll schon im Februar feststellen.

Das Soll der Einkommensteuer berechnet sich wie folgt aus:

1. Der Staatseinkommensteuer nach der Staatssteuerliste des laufenden Rechnungsjahres — also nach dem Stande des letzten 1. April.

2. Den Steuersätzen zu 2.40 M. und 4.00 M. nach der Kommunalsteuerliste ebenfalls des laufenden Rechnungsjahres.

8. Den Zugängen nach der Staatseinkommensteuer. Zugangskontrolle für die Zeit vom 1. April bis 1. Januar des laufenden Rechnungsjahres.

---

[1]) Zweckentsprechende Formulare sind im Verlage der Zeitschrift für Polizei- und Verwaltungsbeamte, Berlin W. 85, Lützowstraße 107/8, erschienen. (Vgl. Anzeige auf Seite 112 dieses Buches.)

4. Den Zugängen desgl. bei den Steuerbeträgen zu 2.40 M. und 4.00 M.

5. Den besonderen Gemeindeeinkommensteuern, denen eine Staatseinkommensteuerveranlagung nicht zugrunde liegt, u. z.

a) des Eisenbahnfiskus auf der Grundlage des durch das Amtsblatt bekanntgemachten Reineinkommens (§ 45 KomAbgGes.);

b) des Domänen- und Forstfiskus auf der Grundlage des durch das Amtsblatt bekanntgemachten Reineinkommens (§ 44 KomAbgGes.);

c) des Fiskus bezüglich seines Einkommens aus den von ihm betriebenen Bergbau- und sonstigen gewerblichen Unternehmungen, außer den bereits unter a erwähnten Eisenbahnen (§ 38 Ziff. 4 KomAbgGes.);

d) derjenigen Personen, welche in der Gemeinde, ohne in derselben einen Wohnsitz zu haben, Grundvermögen, Handels- oder gewerbliche Anlagen einschl. der Bergwerke haben, Handel oder Gewerbe oder außerhalb einer Gewerkschaft Bergbau betreiben oder als Gesellschafter an dem Unternehmen einer Gesellschaft m. b. H. beteiligt sind, hinsichtlich des ihnen aus diesen Quellen in der Gemeinde zufließenden Einkommens (§ 33 Ziff. 2 KomAbgGes.);

e) der Aktiengesellschaften, Kommanditgesellschaften auf Aktien, Berggewerkschaften, eingetragenen Genossenschaften, deren Geschäftsbetrieb über den Kreis ihrer Mitglieder hinausgeht (insbesondere Konsumvereine mit offenem Laden) und juristische Personen (insbesondere auch Gemeinden und weitere Kommunalverbände), welche in der Gemeinde Grundvermögen, Handels- oder gewerbliche Anlagen einschl. der Bergwerke haben, Handel oder Gewerbe einschl. des Bergbaues betreiben oder als Gesellschafter an dem Unternehmen einer Gesellschaft m. b. H. beteiligt sind, hinsichtlich des ihnen aus diesen Quellen in der Gemeinde zufließenden Einkommens (§. 33 Ziff. 3 KomAbgGes.);

f) der Neuanziehenden, welche wegen eines drei Monate übersteigenden Aufenthaltes zu den Gemeindesteuern herangezogen werden, obwohl sie in der Gemeinde keinen Wohnsitz haben (§ 50 Abs. 2 KomAbgGes.).

Von dem hiernach festgestellten Betrage sind abzusetzen:

1. Die Abgänge nach der Staatseinkommensteuer-Abgangskontrolle für die Zeit vom 1. April bis 1. Januar des laufenden Rechnungsjahres.

2. Die Abgänge desgl. bei den Steuerbeträgen zu 2.40 M. und 4 M.

3. Die anteiligen fingierten Staatseinkommensteuersätze

a) der Geistlichen, Lehrer, Militärpersonen, Beamten hinsichtlich ihres gemeindesteuerfreien Diensteinkommens (§§ 41, 42 KomAbgGes.);

b) der in der Gemeinde wohnenden Standesherren (§. 40 Abs. 3 KomAbgGes.); — vgl. unten III —;

c) der in der Gemeinde wohnenden Personen mit mehrfachem Wohnsitz u. z. mit dem Betrage, der auf andere Gemeinden entfällt (§. 50 KomAbg-Ges.);

d) des Teiles des Gesamteinkommens der Steuerpflichtigen, welcher außerhalb des Gemeindebezirks aus Grundvermögen, Handels- oder gewerblichen Anlagen, einschl. der Bergwerke, aus Handels- und Gewerbebetrieb, einschl. des Bergbaues, sowie aus der Beteiligung an dem Unternehmen einer Gesellschaft m. b. H. gewonnen wird (§. 49 KomAbgGes.).

Der sich hiernach ergebende Gesamtbetrag stellt das Soll der Einkommensteuer dar, von welchem für die Stadt- und Landgemeinden die auf sie entfallende Kreissteuer des folgenden Rechnungsjahres berechnet wird.

Bei der Ermittelung des Solls ist folgendes zu beachten:

Es soll genau das Soll ermittelt werden, nach welchem in der Gemeinde die Gemeindesteuer eingezogen wird. Daher sind die Ab- und Zugänge nicht mit den Jahresbeträgen, sondern mit den Teilbeträgen für den Abgangs- bzw. Zugangszeitraum anzusetzen; z. B. ein mit 80 M. Einkommensteuer veranlagter Pflichtiger ist am 80. September verzogen. Da er für das halbe Jahr, 1. April bis 1. Oktober, gemeindesteuerpflichtig war, so ist unter den Abgängen nicht der ganze Jahresbetrag von 80 M., sondern, da nur ein halbes Jahr in Betracht kommt, die Hälfte mit 40 M. aufzuführen.

Sind gemäß § 43 KomAbgGes. mit Steuerpflichtigen Vereinbarungen über die Zahlung eines bestimmten Steuerbetrages getroffen, so ist dies bei Ausfüllung der Nachweisung zu berücksichtigen; der Steuerbetrag ist auf den 100 %igen Prinzipalsatz umzurechnen. —

In ähnlicher Weise wird das Grundsteuer-, das Gebäudesteuer-, das Gewerbesteuer- und das Betriebssteuersoll nach dem Stande vom 1. Januar festgestellt. Bei der Gewerbesteuer sind noch die von außerhalb überwiesenen Teilbeträge zu berücksichtigen.

Gemäß § 7 Abs. 5 des Kreisabgabengesetzes sind noch die Steuerbeträge besonders zu berücksichtigen, welche für Vorjahre nachträglich veranlagt und in früheren Kreissteuersollberechnungen noch nicht berücksichtigt waren.

Bei der Ausschreibung des Kreissteuerkontingentes sind die Zahlungstermine gemäß § 11 des Gesetzes zu bestimmen.

II. Hinsichtlich der Gutsbezirke.

Die Berechnung des der Kreissteuer in den Gutsbezirken zugrunde zu legenden Solls ist die gleiche wie bei den Gemeinden. Während aber bei den Gemeinden die Tätigkeit des Kreisausschusses mit der Ermittelung des Solls und der Ausschreibung des Kontingentes der Kreissteuer beendet ist, liegt ihm bei den Gutsbezirken zum Zwecke der Unterverteilung des überwiesenen Kontingentes noch eine Veranlagung der einzelnen Steuerpflichtigen des Gutsbezirkes ob. Hierbei ist nun zu beachten, daß der Berechnung des Kontingentes das Steuersoll des Vorjahres nach dem Stande vom 1. Januar zugrunde zu legen ist, wogegen die Veranlagung der Steuerpflichtigen (also die Unterverteilung des Kontingentes) durch den Kreisausschuß nach dem Stande zum Beginne des jeweiligen laufenden Rechnungsjahres zu erfolgen hat.

Die Kreissteuerveranlagung für die Gutsbezirke zerfällt in zwei Teile:

a) die Berechnung des Solles und Ausschreibung des Kontingentes in derselben Weise wie bei den Gemeinden;
b) die Veranlagung der Steuerpflichtigen des Gutsbezirkes.

Die Arbeiten zu a können wie bei den Gemeinden im Februar begonnen und ausgeführt werden, während die Arbeiten zu b erst, wenn die Veranlagung zu den Staatssteuern des neuen Rechnungsjahres erfolgt ist, also erst nach dem 1. April, ausgeführt werden können. Ist der Fiskus im Gutsbezirk steuerpflichtig, so wird die Veranlagung sich noch länger hinziehen.

Ist das Kontingent des Gutsbezirkes festgestellt, so läßt der Kreisausschuß eine Nachweisung der Kreissteuerpflichtigen des Gutsbezirkes nach dem Stande vom 1. April des neuen Rechnungsjahres vom Gutsvorsteher aufstellen. Auf die in dieser Nachweisung aufgeführten Steuerpflichtigen ist das Kontingent zu verteilen, wobei sich sehr häufig andere Prozentsätze ergeben werden, als für die Kreissteuererhebung festgesetzt sind. Dies sei an folgendem Beispiel erläutert:

In einem Gutsbezirke sind für die Kreissteuerveranlagung des Rechnungsjahres 1909 nach dem Stande vom 1. Januar 1909 ermittelt 560 M. Einkommensteuer, 840 M. Grundsteuer, 120 M. Gebäudesteuer, 20 M. Gewerbesteuer und 10 M. Betriebssteuer, zusammen 1550 M. Da der Kreis sämtliche Steuerarten gleichmäßig mit 50 % heranzieht, so beträgt das Kreissteuerkontingent des Gutsbezirkes für das Rechnungsjahr 1909 50 % von 1550 M. = 775 M. Nach Maßgabe der Staatssteuerveranlagungen für das Rechnungsjahr 1909 sind am 1. April 1909 veranlagt: Einkommensteuer 480 M., Grundsteuer 840 M., Gebäudesteuer 120 M., Gewerbesteuer nichts, Betriebssteuer 10 M., zusammen 1450 M. Auf diese 1450 M. ist nun das Kontingent von 775 M. durch Veranlagung der einzelnen Pflichtigen zu verteilen, so daß, um das Kontingent einzubekommen, nicht 50 % sondern 53,5 % Kreissteuerzuschläge für das Rechnungsjahr 1909 im Gutsbezirk erhoben werden müssen. Hätte sich das Prinzipalsoll gegen den Stand vom 1. Januar 1909 am 1. April 1909 erhöht, so wäre umgekehrt eine Ermäßigung des prozentualen Zuschlages eingetreten.

Der veränderte Kreissteuerzuschlag gelangt auch für die im Laufe des Jahres eintretenden Zugänge zur Erhebung.

Die Mehrerträge, die sich aus Zugängen im Laufe des Rechnungsjahres ergeben, sollen zur Deckung der sich aus Abgängen und Ausfällen ergebenden Mindererträge benutzt werden. Bleibt dennoch ein Bestand am Schlusse des Rechnungsjahres übrig, so ist dieser Bestand bei der Unterverteilung des nächstjährigen Kontingentes zu berücksichtigen.

Das Kreissteuerausschreiben des Gutsbezirkes ist an den Besitzer des Gutes zu richten.

Bei der Ausschreibung ist Bestimmung über die Zahlungstermine gemäß §§ 11 und 14 des Gesetzes zu treffen.

III. Hinsichtlich der besonderen Kreissteuer-pflichtigen.

Nach § 7 Abs. 6 des Kreissteuergesetzes sind neben den Gemeinden und Gutsbezirken kreiseinkommensteuerpflichtig die Mitglieder des Königlichen Hauses und des Hohenzollernschen Fürstenhauses, die sog. Standesherren, soweit sie im Kreise wohnen, und der Fiskus hinsichtlich der Ansiedelungsgrundstücke.

Diese Steuerpflichtigen sind vom Kreisausschusse besonders zu veranlagen. Bei der Veranlagung sind nicht die Einkommensverhältnisse des vorangegangenen Steuerjahres, sondern des Steuerjahres der Heranziehung zugrunde zu legen.

Das Einkommen des Ansiedlungsfiskus wird seitens des Landwirtschaftsministers in gleicher Weise wie das Einkommen aus Domänen und Forsten bekannt gemacht werden.

Die Kreissteuer ist von den Pflichtigen direkt einzuziehen. Verschiedene Einkommensquellen eines Steuerpflichtigen in demselben Kreise werden zusammen als eine Einkommensquelle angesehen und danach die Veranlagung vorgenommen.

Sachregister.

(Die Zahlen verweisen auf die Seiten.)

A.

B.

Druck von A. W. Hayn's Erben, Potsdam und Berlin.

Verzeichnis

der

Guttentag'schen Sammlung Deutscher Reichs- und Preussischer Gesetze

Text-Ausgaben

mit Anmerkungen u. Sachregister

Guttentag'sche Sammlung

Deutscher Reichsgesetze.

Text-Ausgaben mit Anmerkungen. Taschenformat.

1. **Verfassung** des Deutschen Reichs. Gegeben Berlin, den 16. April 1871. Von Dr. **L. von Rönne.** Neunte Auflage von Landrath **Paul von Rönne.** 2 M. 40 Pf.

2. **Strafgesetzbuch** für das Deutsche Reich. Nebst den gebräuchlichsten Reichs-Strafgesetzen: Presse, Entziehung elektrischer Arbeit, Kranken-, Unfall-, Invalidenversicherung, Gewerbeordnung, unlauterer Wettbewerb, Depot- und Börsengesetz, gewerbliche Kinderarbeit u. s. w. Von Dr. **H. Rüdorff.** Einundzwanzigste Auflage von Dr. **H. Appelius,** Kammergerichtsrath. 1 M. 20 Pf.

3. **Militärstrafgerichtsordnung** nebst Einführungsgesetz und Gesetz, betreffend die Dienstvergehen der richterlichen Militärjustizbeamten und die unfreiwillige Versetzung derselben in eine andere Stelle oder in den Ruhestand. Bearbeitet von Dr. **Paul Herz,** Senatspräsident am Reichsmilitärgericht. Dritte Auflage. 4 M.

   Militär-**Strafgesetzbuch** s. RG. Nr. 67.

4. **Handelsgesetzbuch vom 10. Mai 1897** unter Ausschluß des Seerechts. Mit den ergänzenden Vorschriften des Bürgerlichen Gesetzbuchs und Erläuterungen herausgegeben von **F. Litthauer,** Justizrath. Dreizehnte Auflage herausgegeben von Geh. Justizrat Prof. Dr. **A. Mosse,** Oberlandesgerichtsrath. 3 M.

5. Allgemeine Deutsche **Wechselordnung.** Neunte Auflage von Justizrath Dr. **J. Stranz** und Rechtsanwalt Dr. **M. Stranz,** und das Reichsgesetz über die **Wechselstempelsteuer.** Von Regierungsrath **P. Loeck.** Achte Auflage. 3 M.

6. **Gewerbeordnung** für das Deutsche Reich nebst allen Ausführungsbestimmungen. Ursprünglich herausgegeben von **T. Ph. Berger** und Dr. **L. Wilhelmi.** Sechszehnte Auflage bearbeitet von Oberverwaltungsgerichtsrath **H. Spangenberg.** 3 M.

7. Die deutsche **Post- und Telegraphen-Gesetzgebung.** Nebst dem Weltpostvertrag und dem internationalen Telegraphenvertrag. Von Wirkl. Geh. Rath Dr. **Fischer.** Fünfte Auflage bearbeitet von Geh. Postrath Dr. **M. König.** 3 M.

8. Die Reichsgesetze über den **Unterstützungswohnsitz** in der Fassung der Novelle vom 12. März 1894, **die Freizügigkeit, den Erwerb und Verlust der Bundes- und Staatsangehörigkeit,** nebst allen landesgesetzlichen Bestimmungen. Von Geheimrath Dr. **J. Krech,** Mitglied des Bundesamtes für das Heimathwesen. Fünfte Auflage. 2 M. 70 Pf.

9a. Sammlung **kleinerer privatrechtlicher Reichsgesetze.** Von **F. Vierhaus.** Zweite Auflage in Vorbereitung.

9. Sammlung **kleinerer strafrechtlicher Reichsgesetze.** Mit den Entscheidungen des Reichsgerichts bearbeitet von **M. Werner,** Geh. Ober-Regierungsrath. Zweite Auflage. 3 M.

Inhalt: Inhaberpapiere — Presse — Personenstand — Urheberrechtsgesetzgebung — Rinderpest — Nahrungs- und Genußmittel — Sprengstoff — Feingehalt von Gold- und Silberwaaren — Patentgesetz — Handfeuerwaffen — Gebrauchsmusterschutz — Militärische Geheimnisse — Waarenbezeichnung — unlauterer Wettbewerb — Auswanderung — Margarine — Wein — Sklavenraub — Fleischbeschau — Reichsseuchengesetz — Süßstoff — Reichskassenscheine.

10. Das **Reichsbeamtengesetz** vom 31. März 1873 und seine Ergänzungen. Erläutert von **J. Pieper,** Geh. Ober-Regierungsrath. Zweite Auflage. 4 M. 50 Pf.

11. **Zivilprozeßordnung mit Gerichtsverfassungsgesetz** in den neuesten Fassungen. Unter besonderer Berücksichtigung der Entscheidungen des Reichsgerichts herausgegeben mit Anmerkungen zunächst von **R. Sydow,** Unterstaatssekretär, weiter bearbeitet von **L. Busch,** Kammergerichtsrath. Zehnte Auflage. 8⁰. 6 M.

Dieser Band ist in größerem Format erschienen!

12. **Strafprozeßordnung und Gerichtsverfassungsgesetz** nebst dem Gesetz, betreffend die Entschädigung der im Wiederaufnahmeverfahren freigesprochenen Personen. Von Dr. **A. Hellweg,** Reichsgerichtsrath. Vierzehnte Auflage. 2 M.

13. **Konkursordnung und Anfechtungsgesetz.** Unter besonderer Berücksichtigung der Entscheidungen des

Reichsgerichts herausgegeben mit Anmerkungen von **R. Sydow u. L. Busch.** Zehnte Auflage. 2 M. 25 Pf.

14. **Gerichtsverfassungsgesetz** mit Einführungsgesetz. Herausgegeben von **R. Sydow** und **L. Busch.** Neunte Auflage. 1 M. 50 Pf.

15. Das **Deutsche Gerichtskostengesetz** nebst den Gebührenordnungen für Gerichtsvollzieher, Zeugen und Sachverständige. Herausgegeben mit Anmerkungen und Kostentabellen von **R. Sydow** u. **L. Busch.** Siebente Auflage. 1 M. 80 Pf.

16. **Rechtsanwaltsordnung.** Von **R. Sydow.** Vierte Auflage von Dr. **E. Mosler.** 1 M. 20 Pf.

17. Die **Deutsche Gebührenordnung für Rechtsanwälte und das Preußische Gebührengesetz** vom 27. September/6. Oktober 1899. Von **R. Sydow** und **L. Busch.** Siebente Auflage. 1 M. 60 Pf.

18. **Reichsstempelgesetz (Börsensteuer, Frachturkunde, Kraftfahrzeuge, Personenfahrkarte, Tantieme für Aufsichtsratsmitglieder).** In der Fassung des Gesetzes vom 3. Juni 1906. Nebst Ausführungsbestimmungen, den Entscheidungen der höchsten Verwaltungsbehörden und des Reichsgerichts. Neunte Auflage von **P. Loeck,** Regierungsrath. 4 M. 50 Pf.

Dieser Band ist in größerem Format erschienen!

19. **Die Seegesetzgebung.** Von Dr. **W. E. Knitschky.** Dritte Auflage bearbeitet von Oberlandesgerichtsrath **Otto Rudorff** in Hamburg. 4 M. 50 Pf.

20. **Krankenversicherungsgesetz.** Von weil. Dr. **E. von Woedtke,** Direktor im Reichsamte des Innern. Elfte Auflage bearbeitet von Dr. **G. Eucken-Addenhausen,** Geh. Reg.-Rath und vortr. Rat im Reichsamte des Innern. 3 M.

21. Die **Konsulargesetzgebung.** Von Professor Dr. **Ph. Zorn.** Zweite Auflage. 3 M.

22a. **Patentgesetz.** Nebst Ausführungsbestimmungen, völkerrechtlichen Verträgen und der Patentanwalts-Ordnung unter eingehender Berücksichtigung der Rechtsprechung des Reichsgerichts und der Praxis des Patentamts. Erläutert von Prof. Dr. **R. Stephan,** Geh. Reg.-Rath, Mitglied des Kaiserlichen Patentamts. Sechste Auflage. 2 M.

22b. Gesetz zum **Schutz der Waarenbezeichnungen.** Nebst Ausführungsbestimmungen. Von Dr. **R. Stephan,** Geh. Reg.-Rath, Mitglied des Kaiserlichen Patentamts. Vierte Auflage. 1 M.

23. **Gewerbe-Unfallversicherungsgesetz.** Von weil. Dr. **E. v. Woedtke.** Achte neubearbeitete Auflage von **Franz Caspar,** Direktor im Reichsamt des Innern. 2 M. 50 Pf.

24. **Aktiengesellschaft und Kommanditgesellschaften auf Aktien.** (Handelsgesetzbuch, II. Buch, Abschnitt 3 und 4.) Mit Anmerkungen von **H. Keyssner,**

Kammergerichtsrath und Dr. **H. Veit Simon,** Rechtsanwalt. Fünfte Auflage. Bearbeitet von Dr. **Hugo Keyssner** und **L. Keyssner.** 2 M. 25 Pf.

25. Reichsgesetz wegen **Erhebung der Brausteuer** vom 31. Mai 1872 mit Ausführungsvorschriften. Von **E. Bertho,** Regierungsrath. 1885. 1 M. 60 Pf.

26. Die Reichsgesetzgebung über **Münz- und Notenbankwesen,** Papiergeld, Prämienpapiere und Reichsschulden. Von Dr. jur. **R. Koch,** Präsident des Reichsbankdirektoriums. Fünfte Auflage. 3 M.

27. Die Gesetzgebung, betr. das **Gesundheitswesen** im Deutschen Reich für Behörden, Aerzte 2c. Von Dr. jur. **C. Goesch** und Dr. med. **J. Karsten.** 1888. 1 M. 60 Pf.

28. **Bau-Unfallversicherungsgesetz.** Vom 30. Juni 1900. Von **R. Chrzescinski,** Kaiserl. Regierungsrath. Dritte Auflage. 2 M.

29. Reichsgesetz, betr. die **Erwerbs- und Wirthschaftsgenossenschaften.** Von **L. Parisius** und Dr. **H. Crüger.** Elfte Auflage bearbeitet von Dr. **H. Crüger.** 1 M. 50 Pf.

30. **Invalidenversicherungsgesetz** vom 13. Juli 1899. Von weil. Dr. **E. v. Woedtke.** Zehnte Auflage bearbeitet von Regierungsrat **H. Follmann.** 4 M.

31. **Gewerbegerichtsgesetz.** Von Stadtrath **L. Magdan.** Sechste Auflage bearbeitet von **W. Cuno,** Erstem Bürgermeister zu Hagen i. W. ca. 2 M. 20 Pf.

32. Reichsgesetz, betr die **Gesellschaften mit beschränkter Haftung.** Von **L. Parisius** und Dr. **H. Crüger.** Achte Auflage. 1 M. 40 Pf

33. Das **Vereins- und Versammlungsrecht** in Deutschland. Von Dr. **E. Ball,** Rechtsanwalt. 2 M. 25 Pf.

34. Reichsgesetz, betreffend die **Abzahlungsgeschäfte.** Vom 16. Mai 1894. Von **J. Hoffmann.** Zweite vermehrte Auflage besorgt von Dr. **E. Wilke,** Landgerichtsrath. 1 M. 20 Pf.

35. Die **Reichs-Eisenbahngesetzgebung.** Von **W. Coermann,** Kaiserl. Amtsrichter. 1895. 2 M. 25 Pf.

36. Gesetze, betr. die **privatrechtlichen Verhältnisse der Binnenschifffahrt und der Flößerei.** Erläutert von **H. Makower.** Dritte Auflage bearbeitet von **E. Löwe,** Landgerichtsrath. 3 M.

37. Gesetz zur **Bekämpfung des unlauteren Wettbewerbes.** Vom 27. Mai 1896. Von Dr. **R. Stephan,** Geh. Regierungsrath. Dritte Auflage. 1 M.

38/39. **Bürgerliches Gesetzbuch nebst Einführungsgesetz.** Nach dem Tode des ursprünglichen Herausgebers Reichsgerichtsraths a. D. Dr. **A. Achilles** in Verbindung mit Professor Dr. **André,** Landrichter

Ritgen, Landrichter **Strecker,** Ober-Regierungsrath Dr. **Unzner** herausgegeben von Geh. Ober-Justizrath **Greiff.** Fünfte Auflage. 8° 6 M. 50 Pf.
Dieser Band ist in größerem Format erschienen!

40. Gesetz, betr. die **Pflichten der Kaufleute bei Aufbewahrung fremder Werthpapiere (Depotgesetz).** Mit Erläuterungen. Von **F. Lusensky,** Geh. Ober-Regierungsrath. Zweite Auflage. 1 M.

41. **Börsengesetz.** Vom 22. Juni 1896 Nebst Ausführungsbestimmungen. Unter Mitwirkung des Direktors im Reichsamt des Innern **A. Wermuth** bearbeitet von Regierungsrath **H. Brendel.** 1 M. 50 Pf.

42. **Grundbuchordnung** nebst den preußischen Ausführungsbestimmungen Mit Einleitung. Von Professor Dr **O. Fischer.** Fünfte Auflage 2 M.

43. Die Gesetzgebung, betr die **Zwangsvollstreckung in das unbewegliche Vermögen** im Reiche und in Preußen. Mit Einleitung, Kosten- und Gebührentabellen. Von Dr. **J. Krech,** Kaiserl. Geh. Regierungsrath und Professor Dr **O. Fischer.** Fünfte Auflage. 2 M

44. Das Reichsgesetz über das **Auswanderungswesen** vom 9. Juni 1897 nebst Ausführungsverordnungen und Anlagen. Unter Benutzung amtlicher Quellen. Von Professor Dr. **Felix Stoerk.** 2 M. 25 Pf.

45. Das **Entmündigungsrecht** unter Berücksichtigung der für Preußen geltenden Vorschriften nebst der preußischen Justiz-Ministerial-Verfügung vom 28. November 1899. Text der civil- und prozeßrechtlichen Bestimmungen mit Erläuterungen von Landgerichtsrath Dr. **P. Koll** in Cöln. 1 M. 50 Pf.

46. Die Gesetze des Reiches und Preußens über die **freiwillige Gerichtsbarkeit.** Mit Einleitung von **Herm. Jastrow,** Amtsgerichtsrath. Vierte Auflage. 3 M.

47. Das **deutsche Vormundschaftsrecht** und das preuß. Gesetz über die Fürsorgeerziehung Minderjähriger nebst den dazu gehörigen preußischen Nebengesetzen. Mit Einleitung und Erläuterungen von **Max Schultzenstein,** Oberverwaltungsgerichtsrath und Amtsgerichtsrath Dr. **Paul Köhne.** Zweite Auflage. 3 M.

48. Gesetze und Verordnungen, betr. den **Drogen-, Gift- und Farbenhandel** außerhalb der Apotheken. Von Dr. **Broh,** Rechtsanwalt. 1 M. 25 Pf.

49. Deutsche **Kolonialgesetzgebung.** Von Professor Dr. **Philipp Zorn.** 4 M. 50 Pf.

50. Der **Viehkauf** (Viehgewährschaft) nach dem Bürgerlichen Gesetzbuche. Mit Erläuterungen von Rechtsanwalt Dr. **H. Stölzle.** Nebst Verordn. betr. die Hauptmängel und Gewährsfristen beim Viehhandel. Von **H. Weiskopf,** Königl. Kreisthierarzt in Augsburg. Dritte Auflage. 3 M.

51. **Hypothekenbankgesetz** vom 13. Juli 1899. Von Dr. **H. Göppert,** Gerichts-Assessor. 1 M. 80 Pf.

52. Gesetz, betreffend die gemeinsamen **Rechte der Besitzer von Schuldverschreibungen.** Von Dr. **Heinrich Göppert,** Gerichts-Assessor. 2 M.

53. **Reichspreßgesetz** vom 7. Mai 1874 nebst den einschlägigen Bestimmungen des Strafgesetzbuchs, der Gewerbeordnung ꝛc. Kommentar von **A. Born,** Polizeiassessor. 1 M. 50 Pf.

54. Die Reichsgesetzgebung über den Verkehr mit **Nahrungsmitteln, Genußmitteln** und **Gebrauchsgegenständen.** Von Dr. **Georg Lebbin,** Nahrungsmittelchemiker. 2 M. 25 Pf.

55. Das Recht der **Beschlagnahme von Lohn- und Gehaltsforderungen.** Auf Grundlage der Reichsgesetze vom 21. Juni 1869 u. 29. März 1897 und der Civilprozeßordnung. Von Rechtsanwalt **Georg Meyer.** Zweite Auflage. 2 M.

56. Gesetz, betr. die **Bekämpfung gemeingefährlicher Krankheiten.** Nebst Ausführungsbestimmungen. Von Dr. **Bruno Burkhardt,** Regierungsrath, Mitglied des Kais. Gesundheitsamts. 1 M. 40 Pf.

57. **See-Unfallversicherungsgesetz.** Von **Dr. Max Mittelstein,** Oberlandesgerichtsrath in Hamburg. 2 M.

58. **Das Recht der unehelichen Kinder.** Ausgabe aller einschlägigen Bestimmungen des B.G.B. Von **Hermann Jastrow,** Amtsgerichtsrath. 1 M. 80 Pf.

59. Reichsgesetz über die **Beurkundung des Personenstandes und die Eheschließung.** Von Dr. **F. Fidler,** Amtsgerichtsrath. 1 M. 80 Pf.

60. Gesetz, betreffend das **Urheberrecht an Werken der Litteratur und der Tonkunst.** Von Gerichtsassessor **Otto Lindemann.** 1 M. 50 Pf.

61. Gesetz über das **Verlagsrecht.** Von Justizrath **Ernst Heinitz.** 1 M. 50 Pf.

62. Gesetz über die **privaten Versicherungsunternehmungen.** Von **H. Königs,** Ob.-Landsger.-Rath. 3 M.

63. **Gesetzestafel des Deutschen Reichsrechts.** Systematisch geordnete Nachweisung des z. Z. geltenden Reichsrechts. Ergänzungsband zu der Guttentag'schen Sammlung Deutscher Reichsgesetze. Von **Hugo Bruhns,** Syndikus. 2 M. 50 Pf.

64. Gesetzsammlung betr. den **Handel mit Drogen und Giften.** Reichsgesetzl. Bestimmungen und Anhang mit den landesgesetzl. Verordnungen sämmtlicher Bundesstaaten. Von Rechtsanwalt **H. Sonnenfeld,** Syndikus der Berliner Drogisten-Innung. 3 M.

65. Das **Weingesetz** vom 24. Mai 1901. Mit Ausführungsbestimmungen erläutert von Dr. **Georg Lebbin,** Handels- und Gerichtschemiker zu Berlin. 1 M. 50 Pf.

66. Die **Eisenbahn-Gesetzgebung.** Von **W. Pietsch,** Geh. exp. Sekretär im Reichs-Eisenbahn-Amt. 5 M.

67. **Militär-Strafgesetzbuch.** Mit den Entscheidungen des Reichs-Militärgerichts von Dr. **Paul Herz,** Senats-Präsident am Reichs-Militärgericht und Kriegsgerichtsrath Dr. **Georg Ernst.** 3 M.

68. Das **Fleischbeschaugesetz.** Vom 3. Juni 1900. Mit Ausführungsges. u. Verordnungen im Reiche und in Preußen. Von Dr. **Georg Lebbin,** Gerichtschemiker und Rechtsanwalt Dr. **Georg Baum.** 4 M.

69. Reichsgesetz über die **Naturalleistungen der bewaffneten Macht im Frieden** nebst den zugehörigen in Preußen geltenden Bestimmungen. Von Regierungsassessor Dr. **Walter v. Hippel.** 1 M. 25 Pf.

70. Das **Reichs-Haftpflichtgesetz,** betr. die Verbindlichkeit zum Schadensersatz für die bei dem Betriebe von Eisenbahnen, Bergwerken, Steinbrüchen, Gräbereien und Fabriken herbeigeführten Tödtungen und Körperverletzungen, vom 7. Juni 1871. Von Regierungsrath Dr. **G. Eger.** Preis 3 M.

71. **Kinderarbeit in gewerblichen Betrieben,** v. 30. März 1903. Nebst der Preuß. Ausführ.-Anw. v. 30. Nov. u. d. Bek. des Reichskanzlers v. 17. Dez. 1903. Von **H. Spangenberg,** Oberverwaltungsgerichtsrath. Zweite vermehrte Auflage. 1 M. 60 Pf.

72. **Unfallversicherungsgesetz für Land- und Forstwirtschaft** vom wirkl. Geh. Rat Dr. **E. von Woedtke,** fortgesetzt von Dr. **Alfred Radtke,** Geh. Regierungsrat und Senatspräs. im Reichsversicherungsamt. 4 M. 50 Pf.

73. **Entschädigung für unschuldig erlittene Verhaftung und Bestrafung.** Nebst Anhang, enth. die dazu gehörigen Nebengesetze über Schadensersatz. Von Dr. jur. **A. Romen,** Geh. Kriegsrat und vortr. Rat im Kriegsministerium. 2 M.

74. Die **Kaufmannsgerichte** nebst den preuß. Ausführungsbestimmungen. Von Dr. **Max Apt,** Syndikus der Korporation der Berliner Kaufmannschaft. Dritte Auflage. 2 M.

Daraus einzeln: **Preuß. Ausführungsbestimmungen.** 50 Pf.

75. Reichsgesetz über die **Konsulargerichtsbarkeit.** Erläutert von Dr. iur. **A. F. Vorwerk,** Rechtsanwalt in Schanghai. 2 M.

76. **Die Rechtshilfe im Verkehr mit den ordentlichen Gerichten nach deutschem Reichsrecht.** Zusammenstellung aller in Betracht kommenden Gesetzesstellen. Von Landrichter Dr. **A. Friedländer.** 1 M. 80 Pf.

77. **Das Reichserbschaftssteuergesetz.** Vom 3. Juni 1906. Von **Ulrich Hoffmann,** Geh. Registrator im Königl. Preuß. Finanzministerium. 2 M. 60 Pf.

78. **Zigarettensteuergesetz.** Vom 3. Juni 1906. Von Dr. **Cuno,** Gerichtsassessor. 1 M. 80 Pf.

79. **Die Militärpensionsgesetze** vom 31. Mai 1906 **nebst den Ausführungsbestimmungen.** Zum praktischen Gebrauch für Heer, Marine und Schutztruppe, bearbeitet **Dr. jur. A. Romen,** Geheimer Kriegsrat und vortr. Rat im Kriegsministerium.
a) I. Teil: Offizierpensionsgesetz.
b) II. Teil: Mannschaftsversorgungsgesetz.
Jeder Teil ist einzeln käuflich.

80. Reichsgesetzgebung über **gerichtliche Registerführung.** Textausgabe der einschlägigen Gesetzesbestimmungen mit Anmerkungen und Sachregister von **Otto Lindemann,** Landrichter.

Guttentag'sche Sammlung

Preußischer Gesetze.

Text-Ausgaben mit Anmerkungen. Taschenformat.

---

1. Die **Verfassungs-Urkunde** für den Preußischen Staat. Mit Einleitung, vollständigem Kommentar. Von Prof. Dr. **Adolf Arndt.** Fünfte Auflage. 3 M.

2. Preußische **Beamten-Gesetzgebung.** Enthaltend die wichtigsten Beamtengesetze in Preußen. Von **C. Pfafferoth.** Vierte, neubearbeitete Auflage. 2 M.

3. **Die Aufnahme des Nottestaments** durch die bestellten besonderen Urkundspersonen. Anweisung vom 15. März 1904. Erläutert mit Musterbeispielen und einem Abriß des Erbrechts von Amtsgerichtsrath **C. Kurtz.** 1 M. 50 Pf.

4. **Gebührenordnung** für **Notare** vom 25. Juni 1895 nebst den einschlägigen Vorschriften des Preußischen Gerichtskostengesetzes. Von **R. Sydow.** Zweite Auflage bearbeitet von Dr. **E. Mosler,** Gerichtsassessor. 1 M. 50 Pf.

5. Gesetz vom **24. April 1854 (betr. die außereheliche Schwängerung).** Von Dr. **Schulze.** 75 Pf.
Gültiges Recht siehe: Reichsgesetze Nr. 58.

6. Die Preuß. **Ausführungsgesetze und Verordnungen zu den Reichs-Justizgesetzen.** Von **R. Sydow.** Dritte vermehrte Auflage. 1895. 2 M. 40 Pf.

Siehe Seite 22, Busch, Ausführungsgesetze.

7. **Allg. Gerichtsordnung** vom 6. Juli 1793 und Preuß. **Konkursordnung** vom 8. Mai 1885. Von **F. Vierhaus,** Geh. Ober-Justizrath. Vergriffen.

8. **Vormundschaftsordnung.** Von **F. Schultzenstein.** Gültiges Recht siehe: Reichsgesetze Nr. 47.

9. Die Preußische **Grundbuchgesetzgebung.** Von Prof. Dr. **Fischer.** Vergriffen. Siehe: Reichsgesetze Nr. 42.

10. **Einkommensteuergesetz.** Von **A. Fernow,** Geh. Finanzrath. Fünfte Auflage. 2 M. 50 Pf.

11. **Gewerbesteuergesetz.** Von **A. Fernow,** Geh. Finanzrath. Vierte, vermehrte u. verbesserte Auflage. 2 M.

12. **Allgemeines Berggesetz** für die Preußischen Staaten vom 24. Juni 1865 nebst den preußischen Berggesetznovellen. Mit Einleitung, Erläuterungen und Sachregister bearbeitet von **W. Westhoff** und **W. Schlüter.** 4 M.

13. **Ergänzungssteuergesetz** (Vermögenssteuergesetz). Von **A. Fernow,** Geh. Finanzrath. Dritte vermehrte Auflage. 1 M. 50 Pf.

14. **Kommunalabgabengesetz.** Vom 14. Juli 1893 und **Gesetz wegen Aufhebung direkter Staatssteuern. Von Dr. F. Adickes,** Oberbürgermeister. Vierte Auflage. 1 M. 50 Pf.

15. Die **Kreisordnungen** für den Preußischen Staat. Von **O. Kolisch,** Landgerichtsrath. 1894. 4. M

16. **Concessionirung gewerblicher Anlagen.** Preuß. Ausführungs-Anweisung zu §§. 16 u. ff. der Gewerbe-Ordnung. Von Dr. **W. v. Rüdiger,** Geh. Regierungs- u. Gewerberath. Zweite Auflage. 2 M.

17. Preußisches **Gerichtskostengesetz.** Mit Kostentabellen. Von Dr. **P. Siméon,** Landrichter. Vierte Auflage. 2 M. 25 Pf.

18. Preußisches **Stempelsteuergesetz** vom 31. Juli 1895. Mit den gesammten Ausführungsbestimmungen und vollständigen Tabellen. Von **P. Loeck,** Regierungsrath. Fünfte Auflage. 5 M.

Dieser Band ist in größerem Format erschienen.

19. Das **Jagdscheingesetz.** Mit ausführlichen Erläuterungen. Von **F. Kunze,** Wirklichem Geh. Ober-Regierungsrath. Zweite Auflage. 2 M.

20. Die **preußischen Erbschaftssteuergesetze.** Unter Berücksichtigung der Novelle vom 31. Juli 1895. Von **U. Hoffmann,** Geh. Registrator im Königl. preuß. Finanzministerium. 4 M.

(Reichserbschaftssteuergesetz s. Reichsgesetze Nr. 77.)

21. Gesetz über die **Handelskammern.** Vom 19. August 1897. Mit Erläuterungen von **F. Lusensky,** Geh. Regierungsrath. 3 M.

22. Gesetz, betr. **Anstellung und Versorgung der Kommunalbeamten.** Mit Ausführungsanweisung. Von Dr. **W. Ledermann,** Magistratsassessor zu Berlin 1 M. 25 Pf.

23. **Ausführungsgesetz zum Bürgerlichen Gesetzbuche.** Von Landrichter Dr. **P. Siméon.** 2. Aufl. 1 M. 80 Pf.

24. Die **Hinterlegungsordnung** in der Fassung des Ausführungsgesetzes z. B.G.B. v. 20. Sept. 1899 nebst Ausführungsbestimmungen. Von Regierungsassessor Dr. **Georg Bartels.** 1 M. 50 Pf.

25. **Preußische Kommunalbeamtengesetzgebung.** Von Magistratsassessor Dr. **Fr. Kremski,** Berlin. 3 M.

26. Die Preußischen Gesetze über das **Diensteinkommen der Lehrer und Lehrerinnen, ihren Ruhegehalt und die Fürsorge für ihre Hinterbliebenen,** sowie einer Tabelle zur Berechnung der Ruhegehalts-, Wittwen- und Waisenbezüge. Von Dr. **Ed. Cremer,** Beigeordneter. 2 M. 40 Pf.

27. Gesetz, betreffend die **Waarenhaussteuer.** Von Geh. Ober-Finanzrath Dr. **G. Strutz.** 1 M. 20 Pf.

28. Gesetz über die **Fürsorgeerziehung Minderjähriger.** Nebst Ausführungsanweisungen. Von Landgerichtsrath Dr. **P. F. Aschrott.** 2 M. 80 Pf.

29. Gesetz, betr **die ärztlichen Ehrengerichte, das Umlagerecht und die Kassen der Aerztekammern.** Von Amtsgerichtsrath Dr. **Fidler.** 1 M. 50 Pf.

30. Die das **Preußische Staatsschuldbuch** und **Reichsschuldbuch** betr. Gesetze nebst Ausführungsbestimmungen. Von Wirkl. Geh. Ober-Finanzrath **J. Mücke,** Mitglied der Staatsschuldenverwaltung. 2 M.

31 a. **Die geltenden Preußischen Gesindeordnungen.** Herausgegeben in zwei Bänden von **Stephan Gerhard,** Rechtsanwalt in Berlin.

Band I: Gesindeordnung für die altpreußischen Provinzen vom 8. XI. 1810, mit Erläuterungen unter Berücksichtigung der Ergänzungsgesetze und der Rechtsverhältnisse der Gesindevermiether, sowie die Gesindeordnung für Neuvorpommern und Rügen und für die Rheinprovinz. 2 M. 50 Pf.

31b. **Band II:** Gesindeordnungen für Hannover, Schleswig-Holstein, Hessen-Nassau und den Regierungsbezirk Hohenzollern. 2 M. 50 Pf.

32. **Die Städteordnung für die sechs östlichen Provinzen** Preußens vom 30. Mai 1853 nebst ihren gesetzlichen Ergänzungen. Von **Dr. jur. Walter Ledermann,** Magistrats-Assessor zu Berlin. 6 M.

Dieser Band ist in größerem Format erschienen!

33. **Rentenguts- und Anerbenrechts-Gesetzgebung in Preußen.** Von Landgerichtsrath **M. Peltasohn** und Rechtsanwalt **Bruno Peltasohn.** 3 M.

34. Sammlung der wichtigsten **Preußischen Strafgesetze** nebst Anhang: Gesetz betr. polizeiliche Strafverfügungen vom 23. April 1883. Von **Otto Lindemann,** Amtsrichter. 2 M. 50 Pf.

Inhalt: Mobiliar-Feuerversicherung — Chausseegeld — Jagdpolizei — Jagdschein — Wild-Schonzeit — Fischerei — Versammlungs- u. Vereinigungsrecht — Belagerungszustand — Gesindedienstpflichten — Mineraliengewinnung und -Aneignung — Schlachthäuser — Dampfkesselbetrieb — Wandergewerbebetrieb — Reblausverbreitung — Forstdiebstahl — Wald- u. Wassergenossenschaften — Feld- u. Forstpolizei — Lotteriespiel — Verkehrsabgaben — Landestrauer.

35. **Geschäftsordnung für Gerichtsvollzieher.** Gerichtsvollzieherordnung und Gebührensätze von Amtsgerichtssekretär a. D. **Emil Exner.** 3 M. 50 Pf.

36. Die Gesetzgebung über **Polizeiverordnungen in Preußen** von **Otto Lindemann,** Amtsrichter in Köslin. 1 M. 50 Pf.

37. Gesetz über die **Enteignung von Grundeigentum** vom 11. Juni 1874 von Landrichter **O. Meyer.** 2 M.

38. **Kreis- und Provinzial-Abgabengesetz.** Vom 23. April 1906. Von **Fr. Schmidt,** Gemeindevorsteher.

Schlagwort-Register.

R. = Nummer der Sammlung Deutscher **Reichsgesetze**.
P. = Nummer der Sammlung **Preußischer** Gesetze.
S. = Seite.

FSC
www.fsc.org
MIX
Papier | Fördert
gute Waldnutzung
FSC® C083411

Kolibri 360 GmbH
Ferdinand-Jühlke-Straße 7
99095 Erfurt, Deutschland
produktsicherheit@kolibri360.de